»... Menschen wichtiger als Macht ...«

Briefe an Hans Modrow

Dietz Verlag Berlin

Herausgegeben von Bernd Aischmann, Christine Krauss
und Helmut Zessin

»... Menschen wichtiger als Macht ...« : Briefe an Hans Modrow. –
Dietz Verl. GmbH, 1990. – 216 S.
ISBN 3-320-01724-1

© Dietz Verlag Berlin GmbH 1990
LSV 7003
Printed in Germany
Satz und Druck: Graphischer Großbetrieb Pößneck GmbH

Vorwort

Dieses Buch, in dem Sie eben zu blättern beginnen, versucht einen höchst unvollkommenen geschichtlichen Rückblick anhand von Briefen. Briefe anderer zu lesen hat immer einen gewissen Reiz, selbst wenn man es nicht zugeben will ...

Die Briefe dieser Sammlung wurden in einer ganz bestimmten Zeit an einen ganz bestimmten Mann geschrieben. Der Adressat war Hans Modrow, vorletzter DDR-Ministerpräsident.

Für die Leser, die in jenem Teil der neuentstehenden Republik wohnen, der der besseren postalischen Auffindbarkeit wegen ein W vor dem DEUTSCHLAND hat, sei gesagt, Modrow wurde zu einer Zeit Regierungschef, als die DDR noch rettbar schien. Das Leben, um mit einer gängigen Floskel zu sprechen, entschied aber anders – und viele Menschen.

Modrow war Realist genug, das zu erkennen und seine Kraft für einen würdevollen Zusammenschluß der beiden Republiken einzusetzen. Inwieweit ihm das gelungen ist, wird die Zeit zeigen. Die Briefe beweisen, daß viele Ost- und Westdeutsche Modrows Intentionen durchaus nicht als Phantastereien ansahen.

Sein Nachfolger im Amt, der unwiderruflich letzte DDR-Premier, Lothar de Maizière, sagte in seiner Regierungserklärung vom 19. April 1990 vor der Volkskammer: »An dieser Stelle möchte ich noch einmal Hans Modrow für sein Engagement danken. Durch seine behutsame Politik ist uns sicher vieles erspart geblieben. In den schwierigen Zeiten des letzten halben

Jahres blieb er als Demokrat überparteilich und stabilisierte in Zusammenarbeit mit dem Runden Tisch dieses Land.«

Für den Leser in O-DEUTSCHLAND werden möglicherweise diese Briefe ein zeitgeschichtlicher Spiegel sein, ein Rückblick auf eigene Hoffnungen und Ängste, Sehnsüchte und Enttäuschungen, hochfliegende Pläne und harte Realitäten, Wünsche und Tatsachen.

Die Herausgeber danken allen, die am Erscheinen des Buches Anteil haben; besonders natürlich den Absendern, die den Abdruck erlaubten. Andere standen nicht mehr zu ihren Briefen, wieder andere wollten ihre Namen nicht genannt wissen. Wir halten das für normal. Schließlich ist fast ein Jahr ins Land gegangen, und was für eins ...

Hans Modrow bekommt nach wie vor viele Briefe aus allen Bundesländern und nicht nur von dort. Er ist so etwas wie eine moralische Institution in dieser Republik geworden.

Der Modrow vom November 1990 ist längst nicht mehr der Modrow von vor einem Jahr. Er verbirgt das nicht, tut sich aber sehr schwer damit. Noch hat er dieses Jahr nicht verkraftet. Aktuelle Arbeit für seine Partei ließ das nicht zu. Das ist schade, denn deshalb stehen die persönlichen Erinnerungen dieses deutschen Politikers noch aus.

Modrow ist Mitglied der PDS, aber durchaus kein Parteipolitiker. Er kann eine wichtige integrierende Figur in Deutschland werden. Die Briefe drücken aus warum.

Selbst diejenigen, die von ihm die Rettung der DDR erwarteten, waren nicht enttäuscht, daß er es nicht schaffte. Modrow hat nie mehr versprochen, als er halten konnte. Das unterscheidet ihn so wohltuend von jenen politischen Dampflokomotiven in Deutschland, die auf Teufel komm raus alles versprachen und vieles bis heute nicht gehalten haben.

So sind diese Briefe ein Dankeschön an ihn und eine Ermunterung weiterzumachen auf einer politischen Bühne, wo Leute wie er nicht gerade in Hülle und Fülle agieren.

Bernd Aischmann

I. Bleiben wir doch ehrlich miteinander

Es gab in den Tagen nach dem 7. Oktober 1989 wohl kaum jemanden in der DDR und um sie herum, der nicht überrascht war vom schnellen Zerfall der bis dato gültigen Denkschemata und Machtstrukturen. Die meisten Menschen im Lande nahmen mit ungläubigem Staunen und viele auch mit zufriedener Genugtuung wahr, daß nur wenige Demonstrationen nach dem 40. Jahrestag genügt hatten, um eine völlig neue Situation zu schaffen. Die Herrschenden mußten nämlich nun vor sie hintreten und ihre Fragen beantworten. Ein unerhörter Vorgang. Die bisher so unnahbare Macht wurde gezwungen, Rechenschaft abzulegen und Forderungen anzuhören. Der bis dahin unangefochtene Generalsekretär mußte gehen. Es wurde ein neuer gewählt. Aber das eiserne Prinzip der bedingungslosen Einstimmigkeit war durchbrochen. Der neue »führende Repräsentant« bekam in der Volkskammer bei der Wahl zum Staatsratsvorsitzenden – noch galt diese Machtverquickung – Gegenstimmen. Den Präsidenten des hohen Hauses verwirrte das so, daß er Schwierigkeiten beim Auszählen hatte.

Aber das Entscheidende war, daß es schon nicht mehr von den allmächtigen Partei- und Staatsführern oder -funktionären abhing, wann sie sich den Menschen zuwandten oder ob überhaupt. Viele taten es widerwillig. Man hörte es am zögernden, stockenden Fluß ihrer Sprache. Sie waren es nicht gewohnt, daß man sie unterbrach. Bei manchen kam erneut die jahrzehntelang gepflegte Landesfürstenjovialität durch, sie glaubten offenbar noch immer, daß man sie so liebte, wie es die Medien bis zum Überdruß verbreitet hatten. Und nicht selten war da auch manch verächtlicher Ausdruck in den kontrollierend zusammengekniffenen Augen. Allerdings: Noch stand die sogenannte Machtfrage nicht, wie es in der leblosen, knöchernen SED-Sprache hieß. Eher probierten immer mehr Menschen in einem zögernden, dann selbstbewußter werdenden Abtasten, wie weit man mit »denen da oben« gehen konnte. Denn aus den bisher Unberührbaren waren durch den Druck der Straße ganz gewöhnliche Mitbürger geworden, die sich im übertragenen wie im wörtlichen Sinne anfassen lassen mußten. Das Prinzip »Wir sind Gleiche unter Gleichen, nur manche sind etwas gleicher« galt nicht mehr.

Das Schlimmste, was das Leben den SED- und Staatsführern überhaupt antun konnte, war die plötzliche Wegnahme aller distanzierenden Schranken zwischen »oben« und »unten«. Ohne die gewohnten Souffleure und Apparate an der Seite, in direkter Konfrontation mit »ihren« Menschen, tat sich bei vielen eine erschreckende fachliche und politische Inkompetenz auf, immer wieder durchflackert von alter Arroganz der Macht.

Das klassische Beispiel dafür ist das seitdem unzählige Male besprochene Auftreten von Erich Mielke vor der 11. Tagung der Volkskammer am 13. November 1989. Zunächst sehr selbstbewußt, dann zunehmend verwirrt von der wachsenden Unruhe im Plenarsaal, schließlich von den zurechtweisenden Zwischenrufen, er möge doch nicht alle mit »Genossen« anreden, aus dem Konzept gebracht, flüchtete er sich in das berühmte »Aber ich liebe euch doch alle« ... Was auf den Fernsehschirmen nicht sichtbar wurde und viele in der Volkskammer kaum registrierten, war, wie der völlig in sich zusammengefallene Mielke gleich einem geprügelten Hund von seinem Platz auf der Regierungsbank zu seinem »Oberkommandierenden« Krenz sah und stumm irgendeine helfende Geste erflehte. Der jedoch ignorierte seinen Staatssicherheitsminister. Für ihn war er erledigt. Krenz' unstete Blickkontakte mit seinem Sicherheitssekretär Herger schienen zu sagen, hoffentlich dreht der nicht durch und packt aus.

Drei Dinge wurden schlaglichtartig deutlich:

Zwischen »denen da oben« gab es keinerlei Freundschaft und Solidarität. Mielke erfuhr am eigenen Leibe, was er vorher unzähligen Menschen direkt oder indirekt angetan hatte, ob sie nun Opfer der Staatssicherheit waren oder Täter: Wer dem System nicht mehr nutzte, wurde eiskalt fallengelassen.

Zweitens hatte dieser »Aber-ich-liebe-euch-doch-alle-Vorgang« eine durchaus befreiende Wirkung: Das also waren die, vor denen man so lange gekuscht oder Angst gehabt hatte ...?!

Und zum dritten wurde klar, mit solchen Leuten konnte es keine wirkliche Erneuerung des politischen, wirtschaftlichen, kulturellen oder moralischen Systems in der DDR geben, das historisch versagt hatte. Und von einer Erneuerung der DDR und nicht etwa Abschaffung ging man damals aus.

Schließlich galten die Demonstrationen in Leipzig, Dresden und Schwerin, die kirchlichen Mahnwachen in Berlin, Rostock oder Halle einer reformierten, ertrag- und aushaltbaren, menschlichen Deutschen Demokratischen Republik. Sie sollte von sicheren, aber durchlässigen Grenzen umgeben sein und nicht mehr wie ein Gefängnis wirken.

Niemand in Ost oder West zweifelte an der weiteren Existenz des Staates DDR.

Die Herrschenden des Landes hatten zwar »ihr« 40jähriges Staatsschiff auf Sand gesetzt, dank eines stur und arrogant wider besseren Wissens gesteuerten Kurses. Es war voller Dellen und Kratzern und an manchen Stellen auch leckgeschlagen. Aber schrottreif schien es noch (lange) nicht.

Mit dem Wissen von heute freilich ist kaum noch begreifbar, warum ein Mann wie Hans Modrow sich damals an die Seite des neuen Kapitäns als Steuermann stellen konnte.

Oder besser gesagt, wieviel Mut dazu gehörte. Wieviel Risiko, einen guten Ruf zu verlieren, dabei war. Denn Modrow kann unmöglich die untergangsreife Situation des gestrandeten Schiffs »DDR« übersehen haben, als er sich entschloß, Ministerpräsident zu werden.

Warum also hat er zugestimmt?

Die Antwort ist in seinem Wesen zu finden, in seiner Haltung zu den Menschen überhaupt und zu denen, die ihn umgeben, mit denen und für die er lebt. Wer mit Modrow spricht, wird dabei immer in klare, manchmal etwas traurig wirkende Augen sehen, aber nie von einem stechenden, durchdringenden Blick gemustert werden, der — wie gesagt — so vielen ehemaligen SED-Funktionären angeboren schien.

Ganz gewiß war Modrow nicht d e r Hoffnungsträger in jenen Tagen, wie es manchmal geschrieben wird. Wenigstens nicht für das gesamte DDR-Staatsvolk von 1989 ... Aber sein öffentliches Auftreten in der BRD kurz vor der Wende machte ihn fast schlagartig über den Bezirk Dresden hinaus bekannt, und seine Medieninterviews ließen aufhorchen. Gegensätzliches zum Generalsekretär wurde deutlich. Er galt als Reformer. Man erfuhr, daß Modrow und Honecker zwei ganz verschiedene »Schuhe« waren, daß eine kompaniestarke ZK-Arbeitsgruppe aus der »Zentrale« die Dresdener SED-Bezirksorganisation peinlichst genau unter die Lupe genommen und beim ersten Sekretär wie beim »Parteivolk« Inkonsequenzen und mangelnde Kampfpositionen festgestellt hatte. Was damals, vor Publikum ausgesprochen, mehr als gutes Markenzeichen galt, denn als Denunziation. Modrow war in den Vorwendetagen ein in den Medien der BRD hochgelobter und hochdotierter Mann, doch eher als Honecker- und nicht als Stoph-Nachfolger. Aber in der SED-Spitze gab es noch relativ festgefügte Strukturen. Es ging ihr nicht um Veränderungen, sondern um Kosmetik. Modrow kam da gerade recht. Er wirkte bescheiden und dynamisch. Er brachte aus Dresden einen guten Ruf mit, war von den Oktober-Demonstranten anerkannt, weil er eine gemeinsame Sprache mit ihnen fand. Und er war moralisch unangreifbar. Nie hatte er seine Position als erster Bezirkssekretär mißbraucht. Er hatte ganz einfach nur wortwörtlich seinen kommunistischen Idealen gelebt, was ein SED-Mitglied besonders in den letzten Jahren vor 1989 sehr schnell in ein dissidentes Licht bringen konnte.

Für die an der Macht klebende Gruppe um Krenz muß er also das ideale Aushängeschild als Regierungschef gewesen sein, als Parteipolitiker dagegen eine ausgesprochene Gefahr. Vielleicht galt er auch als geeigneter Blitzableiter in kritischer Zeit. Ganz offensichtlich jedoch hat man seinen Bonus beim Volk überschätzt, denn soviel Bonus, um das Schiff »DDR« wieder flott zu machen, konnte vor einem Jahr niemand haben. Dazu hätten Opfer gefordert werden müssen, die niemand mehr gewillt war zu bringen. Wofür auch? Für eine korrupte, zögernde, sich mit sich selbst beschäftigende Parteiführung? Für Wandlitz? Für die mit Solidaritätsgeldern schiebenden FDGB- und FDJ-Organisationen? Da waren aber auch 16 Millionen Menschen auf dem aufgelaufenen Schiff. Ihnen drohte unendlicher Schaden, sollte es vorschnell auseinanderbrechen. Und wofür wären sie dann vom Leben bestraft worden? Solchen Argumenten – so es sie gegeben haben sollte – konnte sich ein Mann wie Modrow nicht entziehen. Der politische, ökonomische und moralische Schaden, den die Politik der SED in der DDR angerichtet hatte, war nicht zu reparieren, bestenfalls zu begrenzen. Schaden zu begrenzen, Dinge wenigstens zu mildern, die nicht mit seiner Weltanschauung und seinem politischen Gewissen übereinstimmten, hatte er wahrlich genug geübt. Dafür wurde er von vielen Menschen, besonders dort, wo er wirkte, geachtet. Das wußte man in der Parteispitze. So mag sogar bei manchen ein gewisses Maß Zynismus mit im Spiel gewesen sein, als man Modrow für das Amt des Ministerpräsidenten im engsten Kreis der SED-Führung vorschlug.

Wie auch immer ... Hans Modrow spürte, daß er gebraucht wurde. Auf einem ganz bestimmten Posten, zu einer ganz bestimmten Stunde – und nicht nur von der SED-Führung ...

Modrow ging zu dieser Zeit noch davon aus, daß in der DDR die unverfälschten Ideale des Sozialismus verwirklicht werden könnten, wenn es gelänge, den Schutt wegzuräumen, den eine verfehlte Politik auf dem Weg dahin aufgetürmt hatte. Ein weiteres Argument pro Ministerpräsident. Das Aufräumen begann für ihn mit einer schonungslosen Bestandsaufnahme, wie groß der Schaden wirklich war, den der Sozialismus als Idee genommen hatte. Typisch für Modrow war, daß er dabei nicht irgendwo zu suchen anfing, sondern bei sich selbst. Was hatte er nicht getan, das er hätte tun müssen?

Eben ins Politbüro geholt, sagte er während der 10. Tagung des Zentralkomitees der SED:

»Auf der 7. Tagung des ZK gab es Genossen, die mir – nicht hier am Podium, aber in der Pause – sagten, du bist mit deiner Rede bis an den Rand des Möglichen gegangen. Das wollte ich auch und daß es so war, hat sich zwischen der 7. und 8. Tagung des ZK wohl auch deutlich gezeigt.

Heute weiß ich genau, daß ich noch viel zu wenig gesagt habe und daß das, was ausgesprochen wurde, bei weitem nicht reicht und damit die Frage der Verantwortung für mich persönlich mit aller Entschiedenheit bleibt.

Ich sage das nicht aus Selbstdarstellung, zu der Genosse Hermann Kant sich mit Recht schon ablehnend geäußert hat. Wir wollten nicht glauben, daß wir von heute an und für alle Zukunft frei davon sind, so betrachtet zu werden, als würden wir über den Rand gehen, wenn wir unsere eigenen Einschätzungen und Positionen darlegen. Das zu verhindern, wird zu beachten sein, und dafür werden wir immer wieder neu zu kämpfen haben.

Die Wende ist von der Straße ausgegangen, und wir dürfen das Leninsche Prinzip nicht vergessen, daß eine Partei, die ihre Fehler nicht erkennt und anerkennt, die Kraft zur Führung verliert.

Wenn unser Nachdenken wieder erst den Druck der Straße braucht, unser Mut nicht aus uns selbst wächst und unser Platz nicht mitten im Dialog des Volkes ist, dann haben wir weder die Kraft noch das Recht, noch das Vertrauen, um zukünftig die Zustimmung der Partei und der Menschen zu gewinnen.«

Modrow spürte, daß die damalige SED-Führung die Forderungen der Stunde (noch) nicht begriffen hatte und sprach es aus:

»Wie weit wir mit der Vorbereitung dieser 10. Tagung des ZK noch nicht auf der Höhe der Anforderungen waren und sind, zeigt sich in der nun notwendigen Entscheidung über eine Parteikonferenz und im Ablauf der Personalentscheidungen dieser Tagung. Nicht wir haben von vornherein diesen Antrag gehabt, sondern das Plenum hat unter den Forderungen von draußen diese Entscheidung heute getroffen. Wenn diese Tagung abgeschlossen ist, müssen wir ...«

Hier unterbrach ihn Egon Krenz: »Du vergißt, daß im Referat des Generalsekretärs von der Parteikonferenz die Rede war, lieber Hans ...«

Modrow entgegnete auf diesen rechthaberischen Zwischenruf: »Aber die Vorlage, Egon, haben wir praktisch heute eingebracht. Bleiben wir doch ehrlich miteinander.«

Es mag das Erlebnis dieser ZK-Tagung gewesen sein, die ihn endgültig darin bestärkte, das verfilzte Gestrüpp von Partei — sprich SED — und Staat so schnell und so radikal wie möglich zu entflechten — als wichtigste Voraussetzung für eine wirkliche, glaubhafte, ehrliche Grunderneuerung in der DDR. So sagte er in seiner Regierungserklärung vom 17. November 1989:

»Diese Regierung, die ich Ihnen nach vorangegangenen Konsultationen mit den sie tragenden politischen Parteien — SED, DBD, CDU, LDPD, NDPD — vorschlagen werde, ist eine

11

Regierung der Koalition, eines neu verstandenen, kreativen politischen Bündnisses.« Und er fuhr fort: »Dem Volk der DDR, das einen guten Sozialismus will, wird diese Regierung verpflichtet sein.

Das aber heißt mehr als Arbeit für alle und sicheres Wohnen für jeden und anständig einkaufen können, obwohl dies schon sehr viel bedeutet. Ein besserer Sozialismus – das müssen Chancen für alle sein, sich ein Leben zu schaffen, das bunt und inhaltsreich ist, Individualität aufleben läßt und Kameradschaft im Kollektiv ermöglicht, **statt daß der eine des anderen Deibel** (Herv. vom Autor) ist. Politische und ideologische Toleranz gehört unverzichtbar dazu.«

Den Satz mit dem in seiner uckermärkisch-pommerschen Mundart »Deibel« genannten Teufel hat Modrow noch oft wiederholt, wenn er nach dem Sinn seiner Arbeit als Ministerpräsident gefragt wurde. Er ist ihm wie eine Lebensmaxime, die sein ganzes persönliches und politisches Wirken bestimmt.

Zu der schlimmsten Erblast, die die SED hinterließ, zählt für Modrow, daß das Verhältnis von Mensch zu Mensch sich nie richtig entfalten konnte. In sein Regierungsamt gewählt, hatte er Angst davor, genauso einsam an der Spitze der Macht werden zu können wie seine Vorgänger. Es gab damals Zeiten, sagt er, da wußte man am Morgen nicht, was am Abend sein werde. Menschen suchen unter solchen Bedingungen jemanden, an den sie sich anlehnen, von dem sie menschliche Wärme empfangen können.

Modrow fand sehr schnell solche Menschen, weil er bereit war, jederzeit für andere da zu sein. Vielleicht war das auch ein Grund für manche Inkonsequenz in seinem Amt bei Personal- wie Sachentscheidungen. Ohne Zweifel war Modrow sich bewußt, daß er in einer Zeit amtierte, in der eigentlich eiskalte, glasklare Handlungen notwendig gewesen wären. Er ist ihnen nicht ausgewichen, hat aber die Härte durch Werben um Geduld zu mildern versucht. Das hatte seinen Grund. Er kann nicht mit Menschen wie mit Schachfiguren umgehen.»Wo Menschen nicht miteinander wirken, kann auch der einzelne nicht wirksam sein. Politiker müssen warmherzig sein. Wenn ein Politiker Warmherzigkeit ausstrahlt, kommen auch warmherzige Menschen auf ihn zu«, beschreibt Hans Modrow das, was ihn in seinen Tagen als Premier besonders bewegte. Es ging etwas von ihm aus, was von vielen Menschen an- und aufgenommen wurde. In den Briefen spiegelt sich das wider.

Modrow war nicht der hundertprozentig von sich überzeugte Krisenmanager. Er ist nicht selbstsicher. Für ihn ist das ein altes Problem. Aber indem er das im Umgang mit Menschen nicht überspielt, etwa durch die Zurschaustellung eines überhöhten Selbstbewußtseins, gewinnt er Vertrauen und dadurch wiederum Selbstvertrauen. Deshalb waren für ihn seine Kontakte und Gespräche mit kirchlichen Amtsträgern wie Forck, Hempel, Leich, Stolpe und Sterzinski oder dann später in der Regierung der Nationalen Verantwortung mit den Ministern ohne Geschäftsbereich Eppelmann, Platzeck, Ullmann, Romberg und Schlüter sehr wichtig.

Hans Modrow wurde in einer Situation Regierungschef, für die es keine historische Parallele gab.

Faktisch lag die Macht auf der Straße. Die Menschen wollten nicht mehr wie bisher weiterregiert werden; die alte Macht konnte nicht mehr so wie bisher weiterregieren.

Aber es waren auch keine Parteien oder Bewegungen da, die die Macht hätten übernehmen können. Alle vorhandenen Programme der Opposition (z. B. des Neuen Forum oder der gerade gegründeten Sozialdemokratischen Partei der DDR, SDP) zielten auf eine qualitativ hochgradige Verbesserung der bestehenden Machtverhältnisse ab. Sie klagten, um mit einem Modewort zu sprechen, Forderungen ein, wie sie t h e o r e t i s c h der gesellschaftspolitischen Idee des Sozialismus Marxscher und Leninscher Prägung im Grunde weseneigen waren. Freiheit, Demokratie, Pluralität sind qualitative Merkmale des Sozialismus. Insofern sind Begriffe wie freiheitlicher, demokratischer oder pluralistischer Sozialismus strenggenommen Tautologien, weiße Schimmel. Denn eine sich sozialistisch nennende Gesellschaftsordnung ist entweder im weitesten Sinne freiheitlich – von der Bewegungs- bis zur Gedankenfreiheit – oder sie ist keine sozialistische. Sie ist demokratisch oder sie ist keine sozialistische Gesellschaft, sie ist pluralistisch oder funktioniert nicht. Die revolutionären Bürgerbewegungen des Oktober 1989 waren praktisch auf eine Machtübernahme nicht vorbereitet, bestenfalls ideell auf eine Beteiligung an der Machtausübung, vor allem durch die öffentliche Kontrolle der »Mächtigen«. Sie hatten keine »Schattenkabinette«. Ihre Führer begnügten sich damit, auch als es schon anders möglich war, ihre Programme und Forderungen in den elektronischen und Printmedien der BRD zu popularisieren. Niemand kam zum Beispiel auf die Idee, auf den DDR-Rundfunk oder das DDR-Fernsehen zu marschieren oder sie gar in Besitz zu nehmen, so wie es zuvor Bürgerbewegungen in der ČSFR und Polen versucht hatten.

Dabei waren die noch etablierten Machtstrukturen praktisch gelähmt. Das 40 Jahre lang fast unentwirrbar miteinander verquickte Partei- und Regierungssystem erlitt einen Kollaps. In dieser Zeit des sich ausbreitenden Machtvakuums wurde Modrow Regierungschef. Nicht zuletzt wohl auch deshalb, weil eine fehlende staatliche Autorität in dieser Zeit Anarchie und Gesetzlosigkeit bedeutet hätte. Denn erste Anzeichen gab es bereits. Modrow wußte, sein Amt würde nicht von Dauer sein. Umsomehr faßte er es als Funktion im wahrsten Sinne des Wortes auf, als Abhängigkeitsverhältnis. Es ging ihm um die Vertretung und Wahrung der Interessen aller DDR-Bürger, gleichgültig, wo sie politisch standen in einer kritischen Situation, und nicht um die von Privilegien der SED, als die das Machtmonopol ausübende Staatspartei. Die Briefe, die er gleich zu Beginn seiner Amtszeit bekam, machen deutlich, daß seine Intentionen von vielen Menschen auch so verstanden wurden, wie sie gemeint waren.

Rangsdorf, 7.11.1989

Lieber Hans!

Meine Hochachtung vor Deiner physischen Leistung in diesen Tagen und Wochen! Glückwünsche vor allem für die Zukunft in Deinem hohen Amt! Du hast nicht nur meine Zustimmung, sondern Du kannst mit mir in allen Fragen der Kunst und Kultur rechnen!

Vorstand in Berlin und Präsidium unseres VBK sind zurückgetreten, bleiben aber bis zu Neuwahlen im Amt, da die Arbeit ja weitergehen muß. Wir haben zwar kein schlechtes Gewissen, gehörten wir Künstler doch mit zu den Initiatoren dieser Revolution, aber das Verständnis von Demokratie heute machte diesen Schritt notwendig. Keiner wird das besser verstehen als Du.

In Dresden, zur Eröffnung der Bezirkskunstausstellung 1989, erwähntest Du meinen Namen im Zusammenhang unserer geistigen Verbundenheit seit vielen Jahren. Ich gebe Dir nicht nur recht, sondern würde mich freuen, wenn es für alle Zukunft so bleiben kann!

In diesem Sinne wünschen wir uns Glück für das, was uns in der schweren Arbeit, jeder auf seinem Gebiet, noch bevorsteht!

Bleib vor allem gesund, es grüßt Dich in alter Verbundenheit

Ronald Paris

Sehr geehrter Genosse Hans Modrow!

Anläßlich Ihrer Wahl zum Vorsitzenden des Ministerrates der Deutschen Demokratischen Republik erlaube ich mir, Ihnen im Namen der Regierung der Volksrepublik China sowie in meinem eigenen Namen die herzlichen Glückwünsche zu übermitteln.

Ich bin davon überzeugt, daß die Deutsche Demokratische Republik in der Sache des sozialistischen Aufbaus und im Kampf für die

Erhaltung des Weltfriedens neue Erfolge erzielen wird. Mögen sich die Beziehungen der Freundschaft und Zusammenarbeit zwischen unseren beiden Staaten und Völkern auf der Grundlage der Fünf Prinzipien der friedlichen Koexistenz weiter entwickeln.

Li Peng
Ministerpräsident
des Staatsrates der Volksrepublik China

Werter Herr Vorsitzender!
    Anläßlich Ihrer Wahl zum Vorsitzenden des Ministerrates der Deutschen Demokratischen Republik möchte ich Ihnen meine Glückwünsche übermitteln.
    Ich wünsche Ihnen Erfolge am Werk der demokratischen Reformen, die in Ihrem Land in Angriff genommen wurden. Ich bin überzeugt, daß sie in der Entwicklung der Zusammenarbeit in Europa, als auch in den gegenseitigen Beziehungen zwischen unseren Staaten und Völkern eine wesentliche Bedeutung haben werden.
    Nehmen Sie bitte die besten Grüße und Wünsche.

Tadeusz Mazowiecki
Ministerpräsident
der Volksrepublik Polen

Berlin, 14.11.90

Lieber Hans,
    für Dein so schweres Amt möchte ich Dir viel Glück wünschen. Ob man Dir gratulieren kann, weiß ich nicht. Du erhältst sicher jetzt sehr viele Briefe und Ratschläge. Wenn ich – des-

sen Idealismus Du einst schmunzelnd im Gespräch hervorhobst – Dir schreibe, so komme ich sicher nicht in den Verdacht, ich möchte mich »profilieren«. Es ist gut, daß wir Dich haben.

Es sind jetzt fast vier Jahre her, seitdem bei mir die Ignoranz von Tatsachen und Wissen, vor allem aber die verlogene, bornierte, überhebliche Haltung zu den großartigen Veränderungen in der Sowjetunion zu Resignation und Berentung führten. In dieser Zeit habe ich gedanklich viel mit und in meiner alten zweiten Heimat gelebt und freue mich jetzt, wieder mit ganzem Herzen hier zu sein und mich nicht wieder als Emigrant zu fühlen. Zweifel befallen mich, wenn ich dann wieder nur all zu oft die gleichen Köpfe mit den gleichen Mienen sehe. Du kennst meine Einstellung.

Am meisten Angst habe ich, daß die begonnene Entwicklung immer wieder bei Halbheiten stehenbleibt, daß das Notwendige und heute Unvermeidliche Stück für Stück abgenötigt wird, daß so mancher versucht sich durchzuwursteln.

Die Jahre der Perestroika, ihre noch anhaltenden bitteren Lehren, werfen viele Fragen auf. Mir scheint, daß die Wurzel für so maches große Problem in der SU im nur zaghaften Abbau von Erscheinungen des Zentralismus liegt. Auch bei uns sehen Reformbestrebungen die wirtschaftliche Selbstständigkeit der Betriebe vor, wenn es aber um die der Städte und Territorien geht, sind die Äußerungen sehr vorsichtig. Liegen nicht gerade hier große Reserven für Effektivität städtischen Lebens sowie Rationalisierung der Produktion? Wäre es bei uns nicht günstiger, wenn beispielsweise von Anfang an ein festgelegter beträchtlicher Teil des im Territorium erwirtschafteten Nationaleinkommens (einschließlich des der ansässigen zentralgeleiteten Betriebe) dort verbleiben würde? Mit diesen Mitteln könnten die Städte mit besserem Wissen ihre Probleme des Wohnungswesens, der sozialen und technischen Infrastruktur, des Städtebaus usw. selbst regeln, ohne von zentralen Zuwendungen abhängig zu sein. Das Territorium wäre an der Effektivität der Produktion unmittelbar interessiert und würde sich für diese einsetzen. Der Staat könnte mit einem Teil der ihm zur Verfügung stehenden Mittel zwischen den Territorien ausgleichend wirken. Sicher wird man eines Tages auch die Frage nach einer Vereinfachung, Verringerung der territorialen Gliederung stellen müssen. Ob das Bauwesen zentral geleitet werden muß, ob es ein Ministerium braucht, scheint mir fragwürdig. Was gebraucht wird, sind Bau-, Städtebaugesetze und -normen. Das heutige Mittag'sche Wirtschaftssystem ist aufgebaut nicht nach dem Prinzip der Effektivität, sondern nach der Beherrschbarkeit vom Zentrum. Sicher ist dies eine Hypothese, die zu untersuchen sich m. E. lohnt.

Daß die Veränderungen so spät, ich hoffe noch nicht zu spät kommen, ist schlimm. Noch schlimmer ist, daß meines Wissens die Zeit seit dem Beginn der Perestroika in der SU so schlecht genutzt wurde. Ich befürchte, daß die Regierung jetzt mit der Fülle von harten, aktuellen Problemen erdrückt wird. Um so wichtiger erscheint es mir, zu den Grundfragen durch Wissenschaftler und andere langfristige Konzeptionen mit Alternativen und Varianten auszuarbeiten (z. B. zu der bereits angesprochenen Frage, aber auch zu Subventionen, Wohnungs- und Eigentumsfragen, zur Trennung von Staat und Partei usw.). Tiefgreifende Veränderungen voraussetzend, könnte man m. E. auch die Grenzen und Konsequenzen des Möglichen und ihre nationalen sowie internationalen Auswirkungen abtasten und errechnen. Damit könnten dann die Politiker besser entscheiden. Vor zwanzig Jahren gab es in dieser Hinsicht einige gute Ansätze. Als noch nicht ganz »verkalkter« Rentner würde ich gern hierbei mitwirken. Erfahrung, kritisch betrachtet, stellt auch einen Wert dar.

Man sollte Dir jetzt nicht schreiben. Du hast schon zu viele Probleme und weißt am besten, was notwendig ist. Ich glaube, alle vernünftigen Menschen wissen, daß man nicht alles zugleich machen kann und muß. Aber wenn man auf eine große Reise geht, ist man voller Erwartungen, man weiß nicht im einzelnen, was zu erleben ist, aber man möchte wissen, wann und wo man ankommt. Ich bin sicher, so empfinden heute viele.

Mit hochachtungsvollen Grüßen
Dein Ule Lammert

Sehr geehrter Herr Vorsitzender!
Zu Ihrer Wahl zum Vorsitzenden des Ministerrates der Deutschen Demokratischen Republik übermittle ich Ihnen meine Glückwünsche.
Der notwendige und wirtschaftliche Wandel in der Deutschen Demokratischen Republik stellt Sie vor schwierige Aufgaben, die zum Wohle der Menschen gelöst werden müssen. Unter Bezug auf meine Erklärung vor dem Deutschen Bundestag am 8. November 1989 möchte ich bei dieser Gelegenheit die Bereitschaft der Bundesregierung wiederholen, einen Weg des tiefgreifenden Wandels und grundlegender Reformen unsererseits zu stützen.

Mit freundlichen Grüßen
Dr. Helmut Kohl
Bundeskanzler

An
Seine Exzellenz Herrn Hans Modrow,
Vorsitzender des Ministerrates
der Deutschen Demokratischen Republik

Zu Ihrer Wahl an die Spitze der Regierung der Deutschen Demokratischen Republik möchte ich Ihnen meine besten Glückwünsche übermitteln.
Im Einklang mit den Bestrebungen Ihrer Mitbürger wurden bedeu-

tende Maßnahmen getroffen. Ihr Engagement für demokratische Reformen kann zu neuen Fortschritten in dieser Richtung nur beitragen. In diesem Sinne wünsche ich Ihnen vollen Erfolg bei der Ausübung des hohen Amtes, das Sie nunmehr innehaben.

François Mitterrand

Rio Claro, S. P., 15. 11. 1989

Werter Genosse Modrow!

Zu Deiner ehrenvollen Berufung erlaube ich mir, Dir meinen aufrichtigen Glückwunsch zu übermitteln – eingedenk unserer vor Jahren geführten Gesprächsrunde auf Hiddensee. Ich wünsche Dir die Kraft, die vor Dir stehenden schier unlösbaren Aufgaben zu bewältigen.

Ich selbst bin auch im Alter von 76 Jahren noch unermüdlich wissenschaftlich tätig und bin gegenwärtig zu einem mehrmonatigen Forschungsaufenthalt über Ameisen nach Brasilien eingeladen. Ich kann dabei nicht nur den hiesigen Wissenschaftlern meine in jahrzehntelanger mühevoller Arbeit in der DDR gesammelten Erfahrungen vermitteln ... Ganz besonders bin ich aber froh darüber, daß mir diese Arbeit hier auch reichlich Gelegenheit gibt, die DDR zu vertreten und **keiner Frage hiesiger Einwohner auszuweichen**. Dazu war auch das von Dir in einer hiesigen Zeitung erschienene Bild ein günstiger Aufhänger. Ich habe es für Dich ausgeschnitten und bleibe mit sozialistischem Gruß

Dein Wolfdietrich Eichler

Berlin, 17.11.1989

Lieber Hans!

Freude über das Ende der lähmenden Stagnation und gleichzeitig Schmerz über verlorene Jahre empfinde ich zur Zeit, aber gleichzeitig Genugtuung, wenn ich Dich im Fernsehen reden höre, weil ich an unsere Gespräche in Rimini und Tihany denken muß. Ich will Dir nur sagen, daß ich sehr froh bin, daß Dir jetzt alle Möglichkeiten für vernünftige Arbeit gegeben sind und daß ich auch stolz auf Dich bin, und Stolz brauche ich **dringend** angesichts der triumphierenden BRD-Politikergesichter. Verstehst Du das? Bleib gesund, **hör auf Annemarie, wenn sie versucht Dich zu bremsen,** und trage die Last der großen Hoffnung, die Du Dir von Millionen aufgeladen hast, mit Deiner schönen Gelassenheit.

                    Laß Dich umarmen
                    von Deiner Irma Münch

Sehr verehrter Herr Dr. Hans Modrow,
ich gratuliere Ihnen zum Antritt des Vorsitzenden des Ministerrats der DDR. Die demokratisch-dynamischen Schritte, die Ihr Staat in neuesten Tagen unternommen hat, verfolge ich mit großer Freude. Durch das, was Sie und Ihr Staat in dieser so kurzen Zeit geschaffen haben, wurde Ihre Tapferkeit in der ganzen Welt bewiesen. Ich bin davon überzeugt, daß Sie sich für das wahre Wohlsein Ihrer Bürger und für den ewigen Frieden der Welt weiter einsetzen werden. Ich hoffe, daß auch die Beziehungen zwischen Japan und der DDR weiter vertieft werden können. Hochachtungsvoll
        Prof. Dr. Shigeyoshi Matsumae,
        Präsident der Japan Cultural Asociation,
        Präsident der Tokai Universität

Dudenhofen, 17.11.1989

Sehr geehrter Herr Ministerpräsident,

Sie werden es sicherlich ungewöhnlich finden, einen Brief eines Bürgers der BRD zu erhalten. Doch zunächst möchte ich Ihnen herzlich zur Wahl zum Ministerpräsidenten der Deutschen Demokratischen Republik gratulieren.

Sie haben das Amt des Ministerpräsidenten am Anfang einer neuen Epoche im Zusammenleben der Völker übernommen. Veränderungen vollziehen sich in einem rasanten Tempo. Verdrossenheit weicht einer Aufbruchstimmung mit großen Hoffnungen und Erwartungen für die Menschen in Ost und West.

Die Entwicklung in der DDR ist von entscheidender Bedeutung, die zu einem neuen Weltbild führen und Veränderungen in Gang setzen kann, deren Tragweite heute noch nicht abzusehen ist. Die DDR hat eine einmalige Chance, ein neues Gesellschaftssystem aufzubauen, losgelöst von einem kommunistisch geprägten Sozialismus und frei von kapitalistischen Prinzipien.

Wenn es gelingt, eine den besonderen Bedürfnissen der Bevölkerung der DDR angepaßte Staats- und Wirtschaftsform zu schaffen, in der sich jeder zum Dienst für das Ganze angespornt fühlt, die Verantwortlichen des Staates, vom ersten Mann bis zum letzten Staatsdiener in jeder Hinsicht mit gutem Beispiel dem Volk vorangehen und sich keine mit Privilegien ausgestatteten Interessengruppen im politischen wie wirtschaftlichen Bereich bilden, dann würde das sicherlich die gesamte Bevölkerung mit Begeisterung motivieren und könnte sogar Schule nicht nur in Ost, sondern auch in West machen.

Ich wünsche Ihnen bei all Ihren Aktivitäten für eine bessere Zukunft den besten Erfolg und eine von hohen Idealen getragene richtungsweisende Staatsform.

Ich wünsche Ihnen, Herr Ministerpräsident, eine frohe Weihnacht und ein in jeder Hinsicht gesegnetes Neues Jahr

Mit freundlichen Grüßen
R. B.

Humboldt-Universität zu Berlin
Sektion Theologie
Der Direktor   Berlin, 21.11.1989

Sehr geehrter Herr Ministerpräsident,
lieber Herr Modrow!

Zu Ihrer Amtsübernahme möchte ich Ihnen als Direktor der Sektion Theologie sehr herzlich gratulieren. Ich wünsche Ihnen viel Kraft und vor allen Dingen gute Gesundheit und starke Nerven, daß Sie all das, was von Ihnen erwartet wird, schaffen können. Sicherlich wird Ihnen wiederholt die Sympathie vieler entgegengebracht worden sein, aber lassen Sie es sich durchaus noch einmal sagen: Es war für uns alle eine große Erleichterung, als wir hörten, daß Sie die Regierung übernehmen. Wenn es nun darum geht, die Regierung wieder regierungsfähig zu machen und das Vertrauen des Volkes wiederzugewinnen, sind Sie einer der wenigen, denen schon jetzt das Vertrauen entgegengebracht wird.

In Erinnerung an Begegnungen zu der Zeit, als Sie noch im Hause des Zentralkomitees waren, schöpfe ich Hoffnung, daß Sie auch in sachlicher Weise gemeinsame Anliegen von Staat und Kirche fördern werden. Sie können sicher sein, daß viele Christen auf Ihrer Seite stehen, wo es darum geht, nicht nur an alte Werte anzuknüpfen oder sie wieder zu gewinnen, sondern ganz selbstverständlich das, was uns alle bewegt, gemeinsam zu tun. Also: daß Kirche wieder Kirche wird und aus ihrer Stellvertreterfunktion herauskommt und Rathaus Rathaus wird, wo Bürger ihr Recht und ihre Ordnung finden.

Sie sollen mit diesem Brief erfahren, daß Sie viele Freunde, jedenfalls unter uns, in der Sektion Theologie der Humboldt-Universität, haben ...

                          Mit herzlichen Grüßen
                          Ihr Prof. Dr. sc. Heinrich Fink
                          Direktor der Sektion Theologie

Sehr geehrter Herr Ministerratsvorsitzender,
zu Ihrer Wahl gratuliere ich Ihnen herzlich. Gerne erinnere ich mich an unsere Begegnungen in den zurückliegenden Jahren. Ich habe mich deshalb über Ihre Wahl auch besonders gefreut. Sie übernehmen in einer Zeit des Umbruchs und der Veränderungen eine große Verantwortung. Für die Bewältigung der vor Ihnen liegenden Aufgaben wünsche ich Ihnen im Interesse der Menschen in Ihrem Staat eine glückliche Hand.

> Oskar Lafontaine
> Ministerpräsident des Saarlandes
> und Stellvertretender Vorsitzender
> der Sozialdemokratischen Partei Deutschlands

Sehr geehrter Herr Ministerpräsident!
Nehmen Sie bitte meine Glückwünsche anläßlich Ihrer Amtsübernahme als Vorsitzender des Ministerrates der Deutschen Demokratischen Republik entgegen. Wir hoffen, daß Sie und die anderen Mitglieder der DDR-Regierung zu diesem bedeutenden Zeitpunkt in der Geschichte der DDR Ihre Bemühungen fortsezten werden, um die Hoffnungen und Wünsche Ihrer Bevölkerung zu erfüllen. Wir waren tief beeindruckt von der Entscheidung der DDR, Reiseverkehr und Übersiedlung in den Westen auf praktisch freier Grundlage zu gestatten, und wir hoffen, daß weitere solche Schritte, vor allem in Richtung freier Wahlen, getan werden. Die Vereinigten Staaten sind bereit, die Beziehungen zwischen unseren beiden Ländern zu festigen und in konstruktiver Weise Ihre Reformbemühungen zu unterstützen.

> *Hochachtungsvoll*
> *George Bush*

Berlin, 22.11.1989

Lieber Hans!

Die Turbulenzen der jüngsten Zeit, die auch uns Parteiveteranen und Widerstandskämpfer tüchtig durcheinander gebracht haben, lassen mich erst heute dazu kommen, Dir auch in Gerdas Namen ganz herzlich zu der von Dir übernommenen hohen Funktion und schweren Aufgabe viel Glück zu wünschen ...

Wie ich Dir seinerzeit schon zu einem Geburtstag geschrieben habe, bist Du von uns Berliner Genossen nie vergessen worden, haben wir immer darauf gehofft, daß Du mit Deiner Korrektheit, Offenheit und Gradheit einmal wirst zentrale Verantwortung übernehmen können. Nun ist es endlich soweit, wenn Deine Vorgänger Dir und uns auch ein schlimmes Erbe hinterlassen haben. Jetzt sind auch wir Alten noch einmal gefordert, dabei mitzuwirken, daß unsere Partei aus dem tiefen Tief wieder herausgehoben werden kann. Auf unserer Kreisdelegiertenkonferenz werde ich im Auftrage der Genossen meiner Grundorganisation die Vorstellungen darlegen, die wir uns zur Überwindung der schweren Krise von Partei und Staat erarbeitet haben. Dabei werden wir um eine vollständige Erneuerung von Zentralkomitee **und** seines Politbüros nicht herumkommen. Denn die Fehlleistungen dieses nur halbherzig erneuerten Politbüros haben erneut schweren Ärger und Verdruß in der Partei ausgelöst. Wie man weiter ausgerechnet den Genossen J. zum Fraktionschef der SED machen konnte, ist allen Genossen unten unverständlich. So arm an fähigeren Genossen sind wir doch nicht, daß wir auf jemanden zurückgreifen müssen, der fast zwei Jahrzehnte schon im Politbüro sitzt und nichts getan und immer geschwiegen hat, als das von ihm vertretene Gebiet immer tiefer in den Keller geriet. Und der alles mitzuverantworten hat, was unsere Partei heute so außerordentlich belastet. Wir hoffen sehr, daß hier der Außerordentliche Parteitag für »klar Schiff« sorgen wird!

Dir können wir nur versprechen, daß wir weiter treu zur Partei stehen und alles tun werden, um die von Dir in der Regierung zu vertretende Politik zum Erfolg zu führen. Bleib vor allem gesund, lauf bald wieder – vielleicht hier bei uns in Pankow durch die Schönholzer Heide! – und sei noch einmal herzlich willkommen in Berlin – auch wenn die Dresdener sicher darüber traurig sind.

In alter Freundschaft
Deine
G. und G. D.

»Herr Ministerpräsident,
ich möchte Ihnen die aufrichtigsten Wünsche für Erfolg bei Ihrer neuen bedeutenden Aufgabe übermitteln. Wir schauen mit großer Aufmerksamkeit auf die gegenwärtige Entwicklung in den Ländern Osteuropas. Die kürzliche Zusammenkunft der zwölf Länder der Europäischen Wirtschaftsgemeinschaft in Paris hat unsere Bereitschaft zur konkreten Hilfe bei der aktuellen Entwicklung bestätigt.

Wir wünschen, daß die Deutsche Demokratische Republik unter Ihrer Führung den eingeschlagenen Weg der politischen und wirtschaftlichen Reformen weitergehen werde. In diesem Sinne bin ich sicher, daß auch die Beziehungen zwischen unseren beiden Ländern weiter erstarken werden.

Giulio Andreotti.«

Exzellenz!
Ich übermittle Ihnen meine herzlichen Glückwünsche zu Ihrer Ernennung zum Vorsitzenden des Ministerrates der Deutschen Demokratischen Republik.
Die Bande der Freundschaft und Zusammenarbeit zwischen unseren beiden Ländern sind über die Jahre gestärkt worden. Ich bin si-

cher, daß unsere Beziehungen zukünftig unter Ihrer Führung weiter bereichert werden.

Mit meinen besten Wünschen für Gesundheit und Erfolg in Ihrem neuen Amt.

Rajiv Gandhi
Ministerpräsident Indiens

DER VORSITZENDE

Bei Beantwortung bitte Aktenzeichen angeben.

BUND DER EVANGELISCHEN KIRCHEN

IN DER DEUTSCHEN DEMOKRATISCHEN REPUBLIK

Berlin, 22. November 1989

Sehr verehrter Herr Ministerpräsident!

Zu Ihrer Bestätigung als Ministerpräsident der Deutschen Demokratischen Republik durch die Volkskammer will ich Ihnen meine guten Wünsche schicken.

Sie wissen wie ich, daß die Bürger unseres Landes die Volkskammer nicht als ein demokratisch gewähltes Organ ansehen können und darauf warten, daß es freie, geheime, gleiche und jederzeit kontrollierbare, dem Führungsanspruch der SED entnommene Wahlen bald geben wird.

Diese Erwartung vermindert für mich in keiner Weise die Größe der Aufgabe und der Verantwortung, die Sie als Regierungschef übernommen haben. Sie werden in mir selbst und ganz gewiß auch im Bund der Evangelischen Kirchen in der DDR Unterstützung finden. Wir wollen den äußerst schwierigen Weg des Aufbruchs zur Erneuerung unserer Gesellschaft in der Wahrheit mit allen gemeinsam gehen, die sich ehrlich darum bemühen, auf den Willen der Bevölkerung zu hören, mit der Bevölkerung zu sprechen und sich den Mehrheitsentscheidungen der Bevölkerung zu unterstellen. Ich will das Meine dafür tun, daß für das Bleiben in der DDR, für persönliche Verantwortung am Arbeitsplatz geworben und vor dem Mißbrauch des Umtauschs der Währung der DDR zu unannehmbaren Kursen gewarnt wird. Wir hoffen, daß wir durch schwere Zeit hindurch doch das gute Ziel erreichen, das sich die große Mehrheit unserer Bevölkerung gesetzt hat.

Dazu brauchen wir Ihre politische Weitsicht, Ihre Besonnenheit und Ihren ganzen Einsatz.

Ich wünsche Ihnen, daß Sie die Erwartungen erfüllen können, die viele an Sie richten.

Unsere evangelischen Kirchen beten in ihren sonntäglichen Gottesdiensten immer für die Verantwortlichen im Staat und in der Gesellschaft. Dieses Gebet ist für uns keine Formsache. Wir bitten Gott, daß er allen, die in Regierungsverantwortung genommen sind, Kraft und Weisheit und Achtung vor der Würde des Menschen schenkt. Wir fragen in unserem Gebet nicht nach der religiösen Überzeugung oder der Weltanschauung derer, für die wir beten. So sind auch Sie an einer hervorragenden Stelle in die sonntäglichen Gebete in unseren Gottesdiensten eingeschlossen.

Als einer der Beter möchte ich Ihnen gern sagen, daß für Sie eine große Kraftquelle erschlossen ist.

In aufrichtiger Hochachtung
grüßt Sie
Dr. Werner Leich
Landesbischof

Ministerrat der Deutschen Demokratischen Republik
Der Vorsitzende

Sehr geehrter Herr Landesbischof Dr. Leich!

Erst heute komme ich dazu, Ihren freundlichen Brief vom 22. November 1989 zu beantworten und mich für die Glückwünsche zu bedanken, die Sie mir anläßlich meiner Wahl zum Vorsitzenden des Ministerrates übermittelt haben.

Ihr Schreiben ist mir Ermutigung bei dem Bemühen, im Rahmen der Verantwortung der Koalitionsregierung und gemeinsam mit allen Menschen, denen das weitere Schicksal der DDR als sozialistischer deutscher Staat am Herzen liegt, die große Zahl von Fragen anzupacken und einer Lösung zuzuführen, die sich in unserem Land über Jahre aufgetürmt haben. Die ehrliche und kritische Bestandsaufnahme, bei der wir ausschließlich der Wahrhaftigkeit verpflichtet sind, hat gezeigt, daß wir nur in gemeinsamer gleichberechtigter Arbeit für dieses Land eine Chance haben, unsere Heimat zu erhalten und in harter Arbeit zu einem Staat zu gestalten, in dem jeder Bürger gern lebt, weil er sich frei entfalten und die Entwicklung der Gesellschaft mit seinem Wissen und Können, seiner Lebenserfahrung, kurzum seinen Möglichkeiten mitbestimmen kann.

Ich danke Ihnen für die erklärte Bereitschaft, auch weiter alles in Ihren Möglichkeiten Stehende zu tun, damit Menschen unser Land nicht verlassen, am Arbeitsplatz persönliche Verantwortung übernehmen und ein ökonomischer Ausverkauf der DDR verhindert wird.

Ihnen und allen Gläubigen Ihrer Kirchen, welche die Verantwortlichen in Staat und Gesellschaft in ihre Fürbitten einschließen, danke ich für das Vertrauen in unsere Arbeit. Ich werde mich bemühen, dieses Vertrauen nicht zu enttäuschen und die millionenfache Bereitschaft zum aktiven persönlichen Einsatz für unser Land auf die notwendigen Schwerpunkte der weiteren Entwicklung zu orientieren.

Mit vorzüglicher Hochachtung
Hans Modrow

Berlin, den 13. Dezember 1989

*FDP-Fraktion
im
Deutschen Bundestag
Der Vorsitzende*

Sehr geehrter Herr Dr. Modrow!
Zu Ihrer Wahl zum Vorsitzenden des Ministerrates der Deutschen Demokratischen Republik gratuliere ich Ihnen, zugleich im Namen des Vorsitzenden der Freien Demokratischen Partei, Dr. Otto Graf Lambsdorff, und des Bundesaußenministers Hans-Dietrich Genscher, recht herzlich. Für Ihre neue Aufgabe wünsche ich Ihnen eine glückliche Hand und Erfolg im Interesse der Menschen. Ich bin überzeugt, daß sich die Beziehungen zwischen unseren beiden Staaten auf der Grundlage der abgeschlossenen Verträge und Vereinbarungen gut weiter entwickeln und vertiefen werden. Wir Freien Demokraten werden uns darum bemühen.

Gern erinnere ich mich an unser informatives Gespräch, das wir in Dresden geführt haben. Vielleicht ergibt sich in absehbarer Zeit eine Gelegenheit, diesen Meinungsaustausch fortzusetzen.

Meine besten Wünsche begleiten Sie für die Zukunft.

W. Mischnick

Sehr geehrter Herr Dr. Hans Modrow,

Herzlich Glückwunsch, dass Sie zum neuen Ministerpräsident von D.D.R. ernannt werden.

Vor etwa vier Jahre habe ich Sie in Tokyo durch Herrn Jäger, den damaligen Botschafter, kennengelernt. Ich habe es noch gut in Erinnerung, dass Ich bei meinem Besuch in Dresden eine grosse Ehre gehabt habe, von Ihnen zum Mittag eingeladen zu werden, und dabei Ihre sehr interessante Rede zuzuhören.

Es ist jetzt politisch sehr wichtige Zeit für beide Deutschland, glaube ich. Ich wünsche Ihnen einen grossen Erfolg und schöne Zukunft für D.D.R., neuen demokratischen Staat.

Shoichi OSADA
Chairman
The Tokyo Sowa Bank, Ltd.

Der Präsident des Senats
der Freien und Hansestadt Hamburg

13. November 1989

Sehr geehrter Herr Vorsitzender!

Zu Ihrer Wahl zum Vorsitzenden des Ministerrates der Deutschen Demokratischen Republik gratuliere ich Ihnen – zugleich im Namen des Senats der Freien und Hansestadt Hamburg – sehr herzlich.

Sie übernehmen ein schweres und verantwortungsvolles Amt in historischer Zeit. Aus unseren offenen und vertrauensvollen Gesprächen weiß ich, daß Sie sich dieser Herausforderung, aber auch der Chancen bewußt sind und geradlinig über Antworten verfügen. Ich wünsche Ihnen Mut, Kraft und Erfolg zum Wohle der Deutschen in der DDR.

Die Freie und Hansestadt Hamburg hat schon in widrigen Zeiten eine gutnachbarliche, friedliche und sachliche Politik gegenüber der

Deutschen Demokratischen Republik zum wirtschaftlichen Nutzen beider betrieben. Dies wird so bleiben.

Sie haben in Ihrer Dresdner Zeit die Städtepartnerschaft zwischen Dresden und Hamburg mit ins Leben gerufen und stets nachhaltig gefördert. Ich rechne auch auf Ihre künftige Unterstützung. Auch meine Einladung nach Hamburg in diesem Monat erhalte ich aufrecht.

Ich würde mich sehr freuen, wenn unsere vertrauensvolle, persönliche Verbindung bestehen bleiben könnte.

Mit herzlichen Grüßen
Dr. Henning Voscherau
Erster Bürgermeister

Sehr geehrter Herr Modrow

Mit Freuden verfolge ich die Nachrichten: Neuigkeiten über Neuigkeiten! Wenn wir bis anhin im Namen des Schweizerischen Friedensrates an Ihre, beziehungsweise an die Adresse Ihres Vorgängers schrieben, war es meist in Form eines Protestschreibens. Dieses Mal möchte ich meiner Freude Ausdruck verleihen über all die Reformen, die im Moment in der DDR im Gange sind.

Sie sind Vorsitzender eines Volkes, das angst- und gewaltfrei seinen Wunsch nach mehr Mitbestimmung ausdrückt.

Ich wünsche Ihnen, dass die jetzigen positiven Erfahrungen auf allen politischen Ebenen ihre Früchte tragen und zu wirklichen und dauerhaften Reformen im Sinne eines demokratisch-sozialistischen Staates führen!

Mit freundlichen Grüssen
Kathrin Prelicz-Huber
Präsidentin des Schweizerischen Friedensrates

II. Von der Vertragsgemeinschaft zu »Für Deutschland, einig Vaterland«

Die Volkskammer der DDR war in den 40 Jahren ihres Bestehens alles andere als eine Arena interessanter Debatten, spannend knapper Abstimmungsergebnisse, geschliffener Wortgefechte oder gar kontroverser Erörterungen gewesen. Rhetorische Entgleisungen und Differenzen politischer Gegner, wie man sie aus bürgerlichen Parlamenten kennt, blieben ausgeschlossen, denn es gab hier keine politischen Gegner, keinen parlamentarischen Meinungspluralismus.

Die Gesetze beschloß gewöhnlich das SED-Politbüro. Der Volkskammer kam die Aufgabe zu, sie nach sterilem und ewig gleichem Ritual mit einem dünnen scheindemokratischen Mäntelchen zu versehen. Einstimmig natürlich, um den einheitlichen Volkswillen zu demonstrieren. Dabei hatte der überwiegende Teil der sogenannten einfachen Abgeordneten in den Wahlkreisen durchaus versucht, eine den Menschen dienende Arbeit zu leisten, das Volk wirklich zu vertreten.

Nach der Wende ging durch viele der »Vormärz«-Parlamentarier ein Ruck. Sie wollten nicht mehr länger nur »Händchenheben« und »Ja« sagen, wenn es von ihnen verlangt wurde.

Am 24. Oktober 1989 zeigte sich zum ersten Mal ein Anflug von Unbotmäßigkeit in der Volkskammer, als der neue SED-Generalsekretär, wie auch schon sein Vorgänger, zum Vorsitzenden des Staatsrates gewählt werden sollte. Es gab Gegenstimmen. Sie wurden sogar vorher im Hörfunk und im Fernsehen angekündigt. Nicht viele, aber immerhin ...

Vor dieser zu einem gewissen neuen Selbstbewußtsein erwachenden Kammer gab Hans Modrow am 17. November 1989 seine Regierungserklärung ab.

Auf der weitausladenden Gästetribüne war kein freier Platz mehr. Vor allem Diplomaten und Journalisten teilten sich die begehrten Sitzreihen. Alle warteten gespannt auf die ersten Worte des neuen DDR-Premiers. Was würde er seinen Mitbürgern zu sagen haben? Welchen Platz würden die Forderungen der Demonstranten in den großen Städten in dieser Regierungserklärung einnehmen? Welche Botschaft hatte Modrow für die Nachbarn der DDR? Wie sollte es seiner Meinung nach in den deutsch-deutschen Beziehungen weitergehen, seit die Grenzöffnung am 9. November eine völlig neue Situation zwischen beiden Staaten geschaffen hatte? Die Mauer bedrohte plötzlich niemanden mehr. Auf einmal war in Deutschland alles anders geworden. Neue Perspektiven taten sich auf.

Man konnte fast körperlich die Spannung fühlen, die sich im Plenarsaal ausbreitete, als Volkskammerpräsident Günther Maleuda Modrow aufrief, das Wort zu nehmen.

Hans Modrow wirkte hinter dem klobigen Rednerpult aus massivem Holz schmächtig, ja sogar etwas verloren. Innerlich erregt, begann er zu sprechen. Jeder spürte seine starke Bewegtheit. Sie übertrug sich sofort auf die Anwesenden.

Es war ohne Übertreibung eine bisher nicht erlebte Stunde im so viel geschmähten DDR-Parlament.

Schnell verloren sich die nervösen Schwingungen in Modrows brüchiger, charakteristisch leiser Stimme, die zu konzentriertem Zuhören herausforderte. Sein Redemanuskript umfaßte 47 Schreibmaschinenseiten.

Er bat zunächst alle BürgerInnen der DDR um einen Vertrauensvorschuß für die Koalitionsregierung »eines neuverstandenen kreativen politischen Bündnisses«.

Die eben begonnene Demokratisierung des öffentlichen Lebens sollte neue, starke Wurzeln bekommen und behalten.

Die Regierung würde alles tun, damit die dringend notwendige Stabilisierung der Wirtschaft erreicht und das Sozialprodukt wieder real vergrößert werde.

Die außenpolitischen Maximen des Regierungsprogramms seien Zuverlässigkeit, Berechenbarkeit und Partnerschaft. »Die DDR bleibt zutiefst daran interessiert, die Potenzen des politischen Dialogs und der gegenseitig vorteilhaften Zusammenarbeit mit allen Staaten zu nutzen«, sagte Modrow. »Das bestimmt auch unsere Haltung zum entstehenden EG-Binnenmarkt. Er ist eine große Herausforderung für uns, die wir auch als Chance begreifen. Wir streben an, mit der europäischen Gemeinschaft möglichst bald kooperative Beziehungen zu vereinbaren.

Zu den grundlegenden Voraussetzungen der Stabilität und des Friedens in Europa gehören stabile, berechenbare Beziehungen zwischen beiden deutschen Staaten und ihre konstruktive Weiterentwicklung. Mit der Öffnung ihrer Grenzen für den freien Reiseverkehr hat die DDR in diesem Sinne eine weltweit begrüßte und unterstützte Leistung erbracht. Mit der angestrebten, ja bereits begonnenen Reform unseres politischen Systems wird auch der Weg zur Wahrung und Durchsetzung des Selbstbestimmungsprozesses des Volkes der DDR auf neuer Grundlage gegangen. Damit wird die Legitimation der DDR als sozialistischer Staat, als souveräner deutscher Staat erneuert. Nicht durch Beteuerungen, sondern durch eine neue Realität des Lebens in der DDR wird den ebenso unrealistischen wie gefährlichen Spekulationen über eine Wiedervereinigung die klare Absage erteilt.«

Die beiden deutschen Staaten hätten bei aller Verschiedenheit ihrer Gesellschaftsordnungen eine jahrhundertealte gemeinsame Geschichte, fuhr Modrow fort. Beide Seiten sollten die hierin liegenden Chancen begreifen, ihrem Verhältnis den Charakter einer qualifiziert guten Nachbarschaft zu geben.

»Wir sind dafür, die Verantwortungsgemeinschaft beider

deutscher Staaten durch eine Vertragsgemeinschaft zu untersetzen, die weit über den Grundlagenvertrag und die bislang geschlossenen Abkommen zwischen beiden Staaten hinausgeht. Dafür ist diese Regierung gesprächsbereit. So können beide deutsche Staaten und ihre Beziehungen wichtige Pfeiler für den Bau und die Ausgestaltung des gemeinsamen europäischen Hauses werden.«

Modrow atmete am Schluß seiner Regierungserklärung tief auf. Begleitet vom Beifall der Kammer ging er zurück zur Regierungsbank, die noch ihm allein gehörte.

Genaugenommen ist es falsch, von Modrow und seiner Regierungserklärung zu sprechen. Er hatte nämlich vorab seinen ursprünglichen Entwurf allen in der Volkskammer vertretenen Parteien mit der Bitte um strenge Kritik übermittelt. Viele Gedanken und Anregungen waren so noch in dieses Programm eingeflossen. Modrow war es sehr ernst mit seinem Willen, eine wirkliche Koalitionsregierung aufzubauen und nicht wieder ein von der »führenden Kraft« abhängiges und mit ihr verquicktes Kabinett. Man spürte, wie ehrlich er es meinte.

Lothar de Maizière zum Beispiel, am 10. November zum neuen Vorsitzenden der Ost-CDU gewählt und bereit, als stellvertretender Ministerpräsident in Modrows Koalitionsregierung einzutreten, kam zu seinem ersten Auftritt in der Volkskammer mit einem Ölzweig. »Wir beginnen heute den Wahlkampf noch nicht«, erklärte er. Die CDU trage die Regierungserklärung als Koalitionspartner mit. In dieser Verantwortung sähe sie in der Geschichte der DDR erstmals die Chance gleichberechtigter Partnerschaft bei der Gestaltung der Gesellschaft. Es gelte, diese Zusammenarbeit von neuer Qualität zu schützen und zu achten sowie dafür zu sorgen, daß sie nie wieder verlorengehe. Das Volk habe die Probleme auf den Straßen genannt, doch zu lösen seien sie nicht dort, sondern im demokratischen Gespräch über Sachfragen. Der Sozialismus sei nicht am Ende, betonte de Maizière ausdrücklich am 17. November in der Volkskammer. Zu Ende sei seine administrative, diktatorische Verzerrung. Nun gelte es, einen pluralistischen Sozialismus zu schaffen, mit Chancengleichheit für alle, in dem auch Andersdenkende respektiert würden.

Das alles sagte das Koalitionsprogramm durchaus zu. So war an diesem 17. November in der Volkskammer noch oft die Rede von möglichen Chancen der Erneuerung der DDR.

Auch international fand dieses Programm Akzeptanz. Man kann das sehr leicht in den damaligen Tageszeitungen nachlesen. Modrow war also durchaus kein naiver Idealist, als er sich mit ganzer Kraft für eine reformierte DDR einsetzte.

Der Ministerpräsident und seine Regierung, mit fünf Gegenstimmen und sechs Enthaltungen vom Parlament bestätigt, gingen energisch an die Arbeit. Noch nicht ahnend, daß der Berg der Probleme nicht zu bewältigen war, jedenfalls nicht in absehbarer Zeit.

Dennoch: Es gab viele günstige Zeichen im Land. Die Revolution hatte praktisch nach Feierabend stattgefunden und spielte sich auch weiterhin in der arbeitsfreien Zeit ab. Die Demonstranten der Abende in Leipzig, Berlin, Dresden oder Halle gingen am nächsten Morgen wieder pünktlich zur Arbeit. Sie hatten ihre Ziele nicht mit Streiks erreicht. Das tägliche Leben blieb mit seinen ganzen Problemen intakt. Diese Tatsache und wem sie zu verdanken war, wird bei der Betrachtung jener Zeit vor einem Jahr leider viel zu stiefmütterlich behandelt.

Das internationale Interesse an den Vorgängen in der DDR ist schon erwähnt worden. Modrow fand schnell Kontakt zu vielen europäischen und überseeischen Staatsmännern. Dabei kam ihm zugute, daß er sich so vorteilhaft von ehemaligen DDR-Politikern unterschied. Besonders die östlichen Nachbarn schauten fasziniert auf die DDR, in der sie solche radikalen Veränderungen nicht vermutet hätten. Es mag neben der wichtigen Nachbarschaft auch eine Portion ungläubiger Neugier gewesen sein, die den neuen tschechoslowakischen Staatspräsidenten Vaclav Havel zu seiner ersten Auslandsreise in die DDR-Hauptstadt führte.

Aber Modrow wandelte, trotz mancher scheinbar günstiger Vorzeichen auf einem schmalen Grat.

Seine Koalitionspartner begannen sich schnell politisch umzuorientieren. Vielleicht, um zunächst nur die neugewonnene Eigenständigkeit von der SED zu demonstrieren. Aber die Debatten in der Volkskammer wurden schärfer. Hier und dort auch schon einmal persönlicher. Die SED geriet wie auf der Straße auch im Parlament immer stärker unter Beschuß.

Modrow war formal Mitglied des SED-Politbüros. Viele einfache Parteimitglieder sahen darin eine gewisse Erneuerungsgarantie. Doch er hatte in diesem auseinanderdriftenden, zerfallenden Gremium keine Partner, bei denen er sich geistig »aufladen« konnte. Egon Krenz fand keine gemeinsame Sprache mit den Menschen auf der Straße. Seine wenigen Überraschungsbesuche in Betrieben und Kaufhäusern, das populistische Hochspielen seines Auszugs aus Wandlitz nach Pankow weckten höchstens peinliche Gefühle. Zum zweiten war bei aller berechtigter Hoffnung die Leistungsfähigkeit der DDR-Wirtschaft überschätzt worden. Die ökonomischen Pyrrhus-Siege der 80er Jahre hatten viele produzierende Bereiche an den Rand des Zusammenbruchs gebracht. Modrow hatte zwar sofort in seiner Regierung eine Art Wirtschaftskabinett unter Leitung von Christa Luft installiert, aber es konnte bestenfalls Lösungsvorschläge andenken, um mit einem Modewort zu sprechen. Sofortige, dem Land und seinen Menschen nutzende Ergebnisse waren nicht zu erwarten.

Und daraus entstand eine Zwickmühle: Millionen DDR-Bürger merkten plötzlich bei ihren Ausflügen westwärts, wie abgeschnitten sie seit 1961 von der Welt waren.

Sie wurden in der neuen Himmelsrichtung nicht selten wie archaische Geschöpfe aus einer fernen Welt behandelt, mit einer gewissen satten Nachsicht, um nicht zu sagen Überheblichkeit, vielleicht sogar einer unbeabsichtigten. Als die vielen Trabbis in der Bundesrepublik Alltag wurden und ihr exotischer Lack abblätterte, wandte sich nicht selten die Stimmung gegen die »Ossis«. Sie wiederum zählten vor den verlockenden Angeboten in den Geschäften ihre kostbaren Reisedevisen und drehten jeden konvertierbaren Pfennig dreimal um, bevor sie ihn ausgaben. Dieses Gefühl unverschuldeter Ärmlichkeit deprimierte und frustrierte. Und die Erkenntnis, daß die DDR-Wirtschaft auf Jahrzehnte und schon gar nicht aus eigener Kraft nicht würde hervorbringen können, was jenseits der Grenzen so verlockend war, lähmte den Erneuerungsenthusiasmus immer mehr.

Dazu kam schließlich ein neu erwachendes Gefühl nationaler Identität. Es wäre falsch zu sagen, daß das eine aus dem anderen erwuchs. Aber verknüpft war beides allemal miteinander. Und so wurde aus »Wir sind das Volk« immer mehr »Wir sind ein Volk«. In den Briefen, die Modrow jetzt erhielt, spiegelte sich eine immer stärker werdende Besorgnis um das Schicksal der DDR wider.

»Heute erscheinen unsere Versuche, aus dem sich anbahnenden wirtschaftlichen Tief mit Reformen herauszukommen, vielleicht in bestimmtem Grade naiv«, bekennt Modrow. Aber hinterher ist manches klarer. Wäre etwas besser geworden oder anders, hätten Modrow und sein Kabinett die Hände einfach in den Schoß gelegt und die Dinge laufen lassen?

Wir haben heute zum Teil schon vergessen, wie schnellebig vor einem Jahr die Zeit war. Die SED zerfiel als Partei von Tag zu Tag. Modrow bedrückte dieser Vorgang psychisch sehr, obwohl er sich längst davon gelöst hatte, die Ideale, um die er sein Leben lang gekämpft hatte, und die Partei, in der er das tat, miteinander zu verbinden.

Aber die SED stellte schließlich noch immer die stärkste Volkskammerfraktion und die wiederum — nach dem damals gültigen Recht — den Ministerpräsidenten.

Und bei aller DDR-Euphorie wurden die Anschlußgedanken an die Bundesrepublik lauter. Modrow spürte, daß die Existenz des Landes nicht so sicher war, wie manche noch glaubten oder glauben machen wollten. Deshalb hielt er den Delegierten des Außerordentlichen SED-Parteitages in der Nacht vom 8. zum 9. Dezember in Berlin eine für seine Verhältnisse sehr scharfe und bittere Rede. Das Tagungspräsidium ahnte wohl, was da kommen würde. Es schloß alle Journalisten von der Tagung aus und ließ sogar die Live-Übertragungsleitungen der elektronischen Medien kappen. Modrow sagte damals mit allem Nachdruck: »Wenn bei der Schärfe des Angriffs auf unser Land dieses Land nicht mehr regierungsfähig bleibt, weil mir, dem Ministerpräsidenten der Deutschen Demokratischen Republik, keine Partei zur Seite steht, dann tragen wir alle die Verantwortung dafür, wenn dieses Land untergeht.

Die Partei hat uns, den Delegierten, mit dem Mandat diese Verantwortung übertragen, und ich bitte euch, Genossen, daß wir jetzt gemeinsam den Weg mit Entschlossenheit gehen, daß unser Land und unsere Partei ihrer Verantwortung vor der Geschichte unseres Landes im Bündnis mit unseren Freunden, jawohl auch für Europa im Frieden, auch dieser Verantwortung gerecht werden.«

Die untergehende SED und die aus den alten Zwangsjakken herauswachsende PDS konnten Modrow keinen Halt für sein Regierungsamt geben.

So ging er in die Begegnung mit Helmut Kohl im Dezember nach Dresden und dann im Januar an den Runden Tisch als DDR-Bürger Modrow, dem die Aufgabe zugefallen war, sein Land wenigstens so lange zusammenzuhalten und so viel als möglich Schaden von seinen Mitbürgern abzuwenden, bis der Wählerwille neue Verhältnisse bestimmte. Und das konnte unter den Bedingungen vor einem Jahr letztendlich nur heißen, Voraussetzungen zu schaffen, daß die DDR-Bürger, so sie es dann wollten, mit Würde in ein Gesamt-

Deutschland kamen und nicht als Menschen zweiter Klasse aus einem geschundenen Land.

Modrows Besuch am 30. Januar in Moskau brachte einen neuen Ansatz in die aufkeimende Vereinigungsdiskussion. Gorbatschow signalisierte ihm keine Einwände gegen die Vereinigung, vorausgesetzt, sie würde verantwortungsvoll vorbereitet werden und die europäischen Prozesse nicht beschädigen. Für Modrow wurde es Zeit, ein Konzept laut auszusprechen, das ein Ergebnis seines Nachdenkens über die bisher verflossene Zeit als Regierungschef und eine Antwort auf die wachsenden Tagesforderungen vieler Menschen war, das Konzept »Für Deutschland, einig Vaterland«.

Er wollte einen verantwortungsbewußten nationalen Dialog. Als wesentliche Schritte auf dem Weg zur deutschen Einheit sah er den Abschluß eines Vertrages über Zusammenarbeit und gute Nachbarschaft als eine Vertragsgemeinschaft, die bereits entscheidende konföderative Momente enthalten sollte, wie zum Beispiel eine Wirtschafts-, Währungs- und Verkehrsunion und eine Rechtsangleichung.

Modrow schwebte die Schaffung einer Konföderation von DDR und BRD mit gemeinsamen Organen und Institutionen vor. Dazu zählte er parlamentarische Ausschüsse, eine Länderkammer, gemeinsame Exekutivorgane für bestimmte Bereiche.

Schließlich dachte er an eine Übertragung von Souveränitätsrechten beider Staaten an Machtorgane der Konföderation, und er schlug die Bildung eines einheitlichen deutschen Staates in Form einer Deutschen Föderation oder eines Deutschen Bundes durch Wahlen in beiden Teilen der Konföderation vor; das Zusammentreten eines einheitlichen Parlaments, das eine einheitliche Verfassung und eine einheitliche Regierung mit Sitz in Berlin beschließen sollte.

Dieses Konzept entsprach Modrows Auffassung, die historische Chance zu nutzen und aus dem Zusammenwachsen beider deutscher Staaten ein deutsches Land in Europa zu gewinnen, das als Summe wesentlich mehr war als die bloße Addition seiner beiden Teile.

Wenn sich heute auch immer deutlicher zeigt, daß die Summe, die sich aus dem Zuschlag der DDR nach Artikel 23 zur Bundesrepublik ergibt, noch nicht einmal dem vollen Wert beider Summanden entspricht, so ist es doch nicht zu spät, diesen oder jenen Gedanken Modrows zu »Für Deutschland, einig Vaterland« wieder hervorzuholen. Denn die um fünf ostdeutsche Länder gewachsene Bundesrepublik beginnt gerade ihre ersten Schritte auf dem Weg zur Einheit. Die Menschen aus Ostdeutschland tun sie unter weitaus ungünstigeren Bedingungen als die im Westen. In so einer Situation muß man nun nicht alte Konzepte wiederbeleben. Aber die Denkmethodik, die in „Für Deutschland, einig Vaterland« steckt, die ethischen und moralischen Ausgangspunkte der Modrowschen Überlegungen sind nach wie vor aktuell, handelt es sich schließlich bei ihm in der Tat um einen Politiker, dem Menschen immer wichtiger als Macht waren und sind.

Obernkirchen, 23.11.1989

Sehr geehrter Doktor Modrow!

Seit 37 Jahren habe ich auf den Augenblick gewartet, daß mir ein führender Funktionär der Sozialistischen Einheitspartei Deutschlands offen ins Gesicht blickt.

Das Warten hat sich gelohnt.

Leider ist es mir in dieser atemberaubenden Zeit noch nicht möglich gewesen, diesem Dr. Hans Modrow wirklich von Angesicht zu Angesicht gegenüber zu stehen.

Ich bin kein Kommunist, ich bin einer der Vielen, die nach dem 17. Juni 1953 als Streikleiter verhaftet wurden und sich nach der Haft in den Westen abgesetzt haben. Damals war ich 20 Jahre alt.

In der Bundesrepublik Deutschland habe ich meinen Weg gemacht, der rosig und dornig war, vom Tischlergesellen zum Sachverständigen.

Am 9. November 1989 habe ich meinen Haustürschlüssel ganz fest in die Hosentasche gesteckt, als ich die Nachrichten hörte. Ich mußte mich zwingen, nicht nach Berlin zu fahren: Ich wäre sonst der erste Übersiedler aus der Bundesrepublik in die Deutsche Demokratische Republik gewesen.

Am Tag Ihrer Wahl zum Vorsitzenden des Ministerrates mußte ich mich gleichfalls bremsen, hier noch kräftiger.

Ich möchte Ihnen von hier – aus der Bundesrepublik Deutschland – für Ihr hohes und schweres Amt viel Kraft, Mut und Gelingen wünschen.

Gleichzeitig möchte ich Ihnen – im Namen der Mitglieder der Union Beratender Ingenieure (UBI), Landesverband Niedersachsen-Bremen – einfach anbieten zu helfen, wo zu helfen ist.

Wir sind Ingenieure des Hoch- und Tiefbaus, der Vermessungstechnik, der Umwelttechnik, Sachverständige für Bauschäden, Denkmalspflege etc., die als Freiberufler ihren Mann stehen.

Gleichzeitig sind wir Trägerverband der Deutschen Ingenieur- und Architekten-Akademie (DIAA) in der Bundesrepublik.

Viele unserer Mitglieder haben enge freundschaftliche und familiäre Bindungen zur Deutschen Demokratischen Republik und kennen daher auch einen Teil der Probleme, die in der DDR vorhanden sind.

Wir wehren uns gegen die Bemühungen einiger Institutionen in der Bundesrepublik, die DDR mit einem Wirtschaftsgefüge zuzuschütten, das die DDR überhaupt nicht braucht und vor allen Dingen nicht will.

Wir sind der Auffassung, daß es sich lohnt, das »europäische Haus« gemeinsam zu bauen, jeder mit seinen Erfahrungen und Mitteln, um auch gemeinsam darin Wohnung zu finden.

Ich persönlich könnte mir sehr gut vorstellen, mit dem Bürger Dr. Hans Modrow Tür an Tür in diesem Haus zu wohnen.

Dieser Bürger Hans Modrow strahlt Vertrauen, Zuversicht und Mut aus.

Bis bald in Berlin, Dresden oder Hannover?!

Mit freundlichen Grüßen
Günther Dilling

PS:
Bereits seit einiger Zeit arbeiten wir mit dem Direktor der Kommission für Stadt- und Landesplanung der Polnischen Akademie der Wissenschaften, Prof. Dr. habil. Zimowski, zusammen.

Ebenfalls bestehen Kontakte zur Akademie der Wissenschaften der Sowjetunion.

»denn es muß uns doch gelingen, daß nie eine Mutter mehr ihren Sohn beweint!«

Wenn wir zusammen arbeiten, können wir nicht aufeinander schießen.

D. O.

Berlin, 4.12.89

Werter Herr Modrow, bitte verzeihen Sie mir, daß ich Sie nicht mit dem Wort »Genosse« anspreche, aber es widerspricht mir in der heutigen Zeit, dieses Wort über meine Lippen zu bringen.

Ich möchte Ihnen, das ist mein und meines Mannes Bedürfnis, dafür danken, daß Sie versuchen, zum Wohle unseres Volkes, die Karre aus dem Dreck zu ziehen.

Ich bin am 13.11.1942 geboren und habe mir nach 28 Jahren einen Herzenswunsch erfüllt, welchen ich vor zehn Jahren schon bei dem ZDF-Journalisten Joachim Jauer zum Ausdruck brachte, einmal wieder über den Gesundbrunnen laufen zu dürfen. Uns wurden 28 Jahre – die besten – genommen.

Sie, Herr Modrow, arbeiten hart dafür, daß es uns wieder besser geht. Aber die Berichte in der Zeitung, bzw. im Fernsehen, welche von den korrupten »Genossen« schildern, treiben mir die Tränen in die Augen. Man könnte von den sagenhaften drei Affen sprechen, ich wünschte mir schon fast, ich wäre einer, damit ich die Schande, welche uns diese Genossen angetan haben, nicht sehen und nicht hören müßte. Wir, mein Mann und ich, wünschen Ihnen viel Erfolg in Ihrer Arbeit zum Nutzen der Arbeiter, die um Ihre Arbeit betrogen wurden.

Ich, Herr Modrow, beneide Sie nicht um den Posten des Ministerpräsidenten, denn Sie haben eine schwere Aufgabe vor sich und nicht viel Zeit.

Wir hoffen, daß Sie unser Land retten können.

Auch Sie hatten schon schwere Zeiten zu überstehen als erster Bezirkssekretär in Dresden unter dem Regime von unser aller Freund »Erich Honecker«.

Eine Frage bitte noch, wo halten sich diese Verbrecher zur Zeit auf?

Brigitte Hausmann

Werter Herr Ministerpräsident!

Wir, die Klassen 8a, 8b, 8c der Pestalozzi-Oberschule Borna, möchten uns heute mit einer ungewöhnlichen Bitte an Sie wenden.

Wir werden im Jahr 1990, am 25. 3., unsere Jugendweihe erhalten. Für unsere Feier war der ehemalige 1. Sekretär der SED-Kreisleitung als Festredner vorgesehen. Da gegen diesen Mann ermittelt wird, kommt er als Festredner für uns nicht mehr in Frage. Da wir es gut finden, wie Sie sich den derzeitigen schwierigen Aufgaben in unserem Lande stellen, haben wir den Mut gefunden, Sie zu bitten, zu unserer Jugendweihe nach Borna zu kommen und uns einige wegweisende Worte für die nächsten Jahre zu geben.

Wir würden es ganz toll finden, sollten Sie trotz Ihres sehr gefüllten Terminkalenders die Möglichkeit finden, in unseren sehr umweltbelasteten Kreis zu kommen.

Unsere Jugendweihe wird die erste im Jahr 1990 im Kreis Borna sein.

Mit freundlichen Grüßen
Klassen 8a, 8b, 8c

11.12.89

Sehr geehrter Herr Ministerpräsident!

Es ist mir in diesen bewegten und bewegenden Tagen ein Bedürfnis, Ihnen Grüße und gute Wünsche zu sagen.

Ich schreibe Ihnen aus ..., einem Ort, umgeben von öder Industrielandschaft, ohne nennenswerten Bestand an Wald, Wiesen und Erholungsmöglichkeiten, kulturelle und wohl auch soziale Provinz. Die Menschen hier erhoffen sich viel von den beginnenden Umgestaltungen, aber sie wissen auch in besonderer Weise, wie weit der Weg sein wird. Sie mißtrauen Schlagworten und haben die Sorge, wiedereinmal vergessen zu werden, wenn der (bescheidene) Reichtum des Volkes neu verteilt wird. Sie haben überviel an Schwefeldioxyd und anderen Schadstoffen in der Luft, aber sie haben in vierzig Jahren besonders wenig Unterstützung, Zuwendung und Interesse erfahren. Sie haben auch Herrn Minister Dr. Reichelt nie hier begrüßen können ...

Hier leben auch etwa 5000 evangelische und katholische Christen. Viele von ihnen und auch ein Kreis, dem ich angehöre, versuchen, mitzudenken und mitzuarbeiten, versuchen, den Resignierten Mut zu machen, aber auch die Gewissen jener zu erreichen, die hier bislang die sozialistische Staatsmacht vertraten und die großenteils wenig Vertrauen erwerben und wenig Hoffnung wecken konnten. Als Theologe möchte ich aus der Sicht christlicher Überlieferung und Wertvorstellung bei der Suche nach besseren Wegen helfen.

Wir haben schnell erkannt, wie schwer dies ist. Und mit anderen mache ich mir Sorgen, es könnte zu schwer sein.

Andererseits macht uns die Hoffnung auf das Reich Gottes Mut, nicht aufzugeben und nicht mit oberflächlichen Verbesserungen oder volleren Regalen zufrieden zu sein. Ebensowenig können wir auf die Seite derer treten, die von Gewalt, Rache und Zerstörung reden.

Schließlich ist es uns Aufgabe und Anliegen, für jene zu beten, in deren Händen Verantwortung für Wohl und Wehe unserer Stadt und unseres Landes liegen. Wir tun dies auch für Sie und Ihre Regierung, besonders in dieser Adventszeit, die wir als eine Zeit der Besinnung auf Gott verstehen, der die Menschen nicht im Stich läßt.

Vielleicht können Sie mit solchen Mitteilungen schwer umgehen. Aber ich könnte Ihnen aus unserer, aus meiner Sicht kaum etwas Bedeutsameres schreiben.

> Ich grüße Sie aus B. und wünsche Ihnen
> eine segensreiche Adventszeit und wünsche Ihnen,
> daß sich Ihre Ausstrahlung,
> das Vertrauen und das gute Gefühl,
> das Sie erwecken,
> auch auf Ihre Politik auswirken möge

DIE REPUBLIKANER
LANDESVERBAND BERLIN
– Fraktion im Abgeordnetenhaus von Berlin –

15.12.1989

Sehr geehrter Herr Modrow!
Zuerst möchte ich Sie zu den einschneidenden Entwicklungen, in Richtung Demokratie und freien Wahlen in Ihrem Land beglückwünschen. Meine Partei und ich können nachempfinden, wie es Ihnen und allen Menschen jetzt geht, die jahrelang an etwas geglaubt haben und nun erfahren müssen, daß sie betrogen worden sind.
Wie ich den Medien entnehmen konnte, existieren im Moment zwei politische Strömungen in Ihrem Land. Zum einen diejenigen, die eine Wiedervereinigung nicht befürworten, zum anderen, diejenigen, die zu einer Konföderation oder Wiedervereinigung neigen.
Mir ist klar, in welcher Situation Sie sich jetzt befinden.
Keiner, auch meine Partei nicht, wollen, daß Ihr Land unregierbar wird.
In meinen Fraktionsräumen, hier im Rathaus Schöneberg, haben sich zwischenzeitlich viele DDR-Bürger gemeldet, die Mitglied bei meiner Partei werden wollen. Ich wäre Ihnen dankbar, wenn ich die damit verbundenen Probleme mit Ihnen besprechen könnte.
Hochachtungsvoll

Frank Degen
Fraktionsvorsitzender

**INSTITUT FÜR
GANZHEITLICHE PSYCHOLOGIE / PÄDAGOGIK (IGP)**
Ostenbergstr. 106
4600 Dortmund 50

Ansprechpartner: Dr. phil. Detlef Barth/ Dr. paed. Burkhard Bierhoff
Sekretariat: Frau Kuhnert
Burozeiten: Mo - Mi. 18.00 - 19.00 Uhr   Telefon: 0231/753807

An den
Ministerpräsidenten
der Deutschen
Demokratischen Republik
Herrn Dr. Hans Modrow

Dortmund, 19. 12. 1989

Sehr geehrter Herr Dr. Modrow,
mit großem Interesse verfolge ich nun seit einigen Wochen die hoffentlich auch weiterhin anhaltende gewaltlose, politische Wende und die rasante, von den Bürgern ausgehende, demokratische Entwicklung innerhalb der DDR. Keine leichte Aufgabe, die vor Ihnen und dem Volk der DDR liegt, aber eine wertvolle.

Meine Hoffnung geht dahin, daß die DDR eines Tages in der Lage sein wird, trotz wirtschaftlichem Wachstum, an einer Politik der Humanisierung festzuhalten. In der BRD gibt es äußerlich viel Reichtum, aber meine Tätigkeit als Psychotherapeut hat mir gezeigt, daß viele dieser Reichen innerlich arm geblieben sind und auch daran leiden. Doch nur wenige Privilegierte sind bereit, sich das offen einzugestehen.

Wie immer die politischen Ziele der nächsten Jahre lauten werden: Politiker werden nicht an dem Begriff der die Ökologie berücksichtigenden »Lebensqualität« vorbeikommen; und genau die gilt es einzulösen: für die DDR und die BRD gleichermaßen. Vielleicht werden wir eines Tages an diesem Punkt sogar von der DDR lernen können, da Sie nun die Chance haben, aus den Fehlern beider Wirtschaftssysteme ein menschengerechtes System zu entwickeln. In so einem System sollten Politiker über genügend Klarheit bezüglich „Erkenntnis und Interesse" verfügen und keine Scheu vor der Aus-einander-setzung mit der eigenen psychologischen Befindlichkeit und Erlebniswirklichkeit haben.

Vielleicht sind Ihnen die Inhalte des Buches »Revolution des Herzens« längst bekannt, vielleicht gibt es Ihnen auch noch hier und da Anregungen zum Verständnis »innerer Welten«. Ich wünsche Ihnen viel Spaß beim Lesen und Ent-decken und hoffe, daß Sie den Mut zur Begegnung mit allen Ebenen des Menschseins nicht so schnell aufgeben werden.

Ihnen und Ihrer Familie wünsche ich ein ruhiges, beschauliches und gesegnetes Weihnachtsfest. Für 1990 hoffe ich, daß es Ihnen gelingen wird, einen ökologisch-sozial-demokratisch handelnden Staat mit aufzubauen, in dem Mensch und Natur wieder als Einheit begriffen werden und technische Errungenschaften und Wirtschaftswachstum in den Dienst des Menschen gestellt werden und nicht umgekehrt.

Ihr
Detlef Barth

22.12.1989

Sehr geehrter Herr Ministerpräsident Dr. Modrow!

Um Ihre Neugier nicht lange auf die Folter zu spannen, gleich »medias in res«: Ich sende Ihnen hier als eine Art »Nachweihnachtsgeschenk« ein Buch, das ich selber gerade eifrig lese. Ich bin davon so begeistert, daß ich finde, das gehöre noch in andere Hände, und zwar solche, die wesentliches im Bereiche menschlicher Kommunikation bewirken wollen.

Vielleicht werden Sie lächeln über meinen scheinbar missionarischen Eifer –, aber meine persönliche Sympathie für Sie hat Anteil an dieser Begeisterung. Zwar halte ich mich selber für einen »homo politicus« (Mitglied der Liste Libre de Bienne Romande et du Jura Bernois = einer der jüngsten Schweizer Parteien, im Grünen Bündnis der Schweiz mit anderen »Grünen« lose verbunden); dennoch kostet es mich Überwindung, ohne Umschweife dem höchsten Repräsentanten eines Staates zu schreiben – auch der Aufgeklärteste ist heute noch nicht frei von gewisser Scheu vor sogenannten »Autoritäten«. Gerade Ihre im »Spiegel«-Interview bezeugte Unkompliziertheit und Ihr Humor haben mir aber diese Scheu genommen.

Zunächst einmal zu mir (ich b i n so unbescheiden): 44 Jahre alt, in Berlin geboren und aufgewachsen, dort Theologie und Medizin studiert und jetzt Arzt. Seit 9 Jahren in der Schweiz, mit einer Schweizerin verheiratet (Pfarrerin), arbeite... in einem Ambulatorium (psychiatrische Facharztausbildung). Hobbys: Gartenbau, Wandern, Basteln, Computer, aktive Politik (»grün«) und vor allem Erweiterung meiner Menschenkenntnis. Seit einigen Wochen konzentriere ich mich auf zweierlei: Ich »verschlinge« psychologische Fachbücher, und ich verfolge lebhaft die DDR. Beides hat für mich deutliche Bezüge aufeinander: Sinnhaftigkeit/-losigkeit und Verhaltensweisen/-änderungen/-störungen. Die Schwerpunkte meiner Ausbildung sind Psychoanalyse und Systemtheorie – und damit wäre ich bei d e m Buch. Der eigentliche Begründer der Systemtheorie G. Bateson, englischer Anthropologe und Ethnologe, eine Art Geistesgigant und von manchen Fachleuten neben Darwin und Freud auf eine Stufe gestellt. Dieses Buch ist derart grundlegend für menschliches Denken, daß mir spontan die Idee gekommen ist, es an Sie zu verschenken. Das Buch ist sicher nicht leicht zu lesen – es ist übrigens eine Vortrags- und Aufsatzsammlung, so daß man an jeder beliebigen Stelle zu lesen beginnen kann –, aber vielleicht überzeugt Sie eine Leseprobe. Ich nehme an, daß diese wie auch viele andere Bücher der Systemtheorie bisher nicht erhältlich waren in der DDR. Ich wünsche diesen Büchern eine weite Verbreitung im universitären und politischen Bereich. Systemtheorie, Kybernetik und Kommunikatonswissenschaft sind eben nicht nur anwendbar in Computerwesen oder Individualpsychologie, sondern gerade auch im sozialen Bereich d. h. besonders in der Staatskunde (Kybernetik kommt ja von griech. »Schiffslenkerkunde«). Nicht umsonst zitiert Bateson auch Alfred Adler, der als erster Freud-Schüler den Menschen notwendigerweise als Gemeinschaftswesen gesehen und behandelt hat.

Und nun zu Ihnen: Als sporadischer »Spiegel«-Leser habe ich schon vor ca. 1 Jahr erstmals Ihren Namen erwähnt gefunden als einen der möglichen Nachfolger von E. Honecker. Diese Voraussicht hat sich in gewisser Weise erfüllt, und nun habe ich im »Spiegel« Nr. 44/89 Ihr Curriculum Vitae und Ihr Interview gelesen und mich sehr darüber gefreut, welch eine Chance die DDR-Bürger mit Ihrer Wahl zum Ministerpräsidenten haben. Auch Herr Dr. Gysi scheint für den Fortbestand der SED-PDS (oder wie auch immer der Name später heißen soll) ein solcher Glücksfall zu sein (er erhält ebenfalls von mir dieses Buch und einen Brief von mir). Mich hat auch gefreut, mit wieviel Humor und Standfestigkeit Sie den manchmal überheblichen Reporterfragen Paroli bieten konnten.

Ich muß nicht extra wiederholen, was allenthalben in den Medien geschrieben und gesagt wird: was der Umbruch in Europa bedeutet; aber es scheint klar, daß die DDR eine große

Chance bekommen hat, einen Neuanfang zu beginnen, der allerdings nicht ungefährlich ist und nicht bloß Kraft, sondern vor allem geistige Auseinandersetzung und Führung braucht, um das zerstörte Vertrauen der Bevölkerung wieder zu gewinnen und sie zur geduldigen Mitarbeit zu motivieren. Dazu könnte der Inhalt des Buches im besonderen und die Systemtheorie (G. Bateson, Milton Erickson, Paul Watzlawick u. a.) im allgemeinen dienen.

Mein Interesse an der Entwicklung in der DDR ist nicht rein akademisch-distanziert, sondern mit aus ganz persönlicher Betroffenheit: Ich stamme aus Berlin-Schöneberg – mein Vater lebt noch dort, und weitere Verwandte leben in der DDR. Ich kenne den Harz beidseits der Grenze recht gut sowie ein wenig Dresden, wo ich als Fünfjähriger zu Besuch bei meinem Großonkel...

Ich bin der Auffassung, daß die DDR für einige Zeit noch ihre staatliche Eigenständigkeit bewahren und eine Annäherung an die BRD nur langsam und nach reiflicher Überlegung vornehmen sollte. Bei allem, was an Verrat der sozialistischen Ideale und an Verbrechen ans Tageslicht gekommen ist, bleibt doch ein erheblicher Teil an ideellen, sozialen und kulturellen Gütern bestehen, auf den die DDR-Bürger stolz sein dürfen (auch wenn sie es z. Z. aus verständlicher Bitterkeit, Enttäuschung, gar Haß vergessen). Wenn die DDR jetzt gezwungen ist, materielle Hilfe aus dem Westen anzunehmen, wird sie vielleicht später einmal in der Lage sein, auch mit ideellen, sozialen und kulturellen Gütern zurückzuzahlen. Ich frage mich überhaupt, ob nicht die bisher so diszipliniert und friedlich verlaufene »Novemberrevolution« (ich hoffe, die weitere Entwicklung verläuft auch in diesem Stil) z. T. auf der sozialistischen Erziehung zur Gruppenfähigkeit beruht, abgesehen mal von dem sicher großen Einfluß der Kirchen. Was sich heute in der politischen Diskussion durchsetzt, könnte einen Zusammenhang haben mit der schulischen Verbreitung des philosophischen Gedankengutes des dialektischen Materialismus – die

Möglichkeit zum institutionalisierten Widerspruch (These-Antithese-Synthese). Dabei fällt mir gerade noch ein, daß »Dialektik« ein altgriechisches Lehnwort ist und »Redekunst« bedeutet – wobei wir endlich wieder bei »Kommunikation« angelangt wären (ich sehe sogar geistige Verwandtschaft von DiaMat und Systemtheorie ...). Dazu ein Beispiel, wie sie die DDR-Führung, durch die anschwellende Fluchtbewegung in die Enge gedrängt, ohne es zu wissen, eine »systemische« Grundregel angewendet hat: Sie hat die Grenze geöffnet (dazugehörige systemische Begriffe: »antizyklisch« statt »zyklisch«, »degenerativ« statt »regenerativ«, »komplementär« statt »symmetrisch«, »weniger« statt »mehr desgleichen«). Was befürchtet wurde, traf nicht ein: Die Fluchtwelle wurde nicht größer, sondern nahm und nimmt weiter ab (ein Teil der Flüchtlinge wird sogar zurückkehren).

Ich hoffe, daß Sie also ebensoviel Freude am Lesen wie auch Profit am Gehalt haben werden, vielleicht auch Ihre Familie und andere Mit- und Nach-Leser.

Über eine längere Antwort Ihrerseits würde ich mich freuen – sofern Ihre riesige Aufgabe dazu in den nächsten Wochen und Monaten dazu überhaupt Zeit läßt (die Lektüre des Buches noch hinzugenommen) –; vielleicht ergibt sich sogar einmal Gelegenheit zu einem Gespräch, wenn ich nächsten August mit meiner Frau in Halle bin anläßlich der ersten internationalen Psychotherapie-Tagung für Katathymes Bild-Erleben in der DDR (KB = neue Therapieform, die sich die menschliche Fähigkeit zum Tagträumen zunutze macht).

Mit den besten Wünschen für Ihre Arbeit im neuen Jahr, vor allem auch Gesundheit und Durchhaltevermögen, grüße ich Sie, Ihre Familie und Mitarbeiter herzlich

E. R.

Frankfurt (Main), 1.1.1990

Sehr geehrter Herr Ministerpräsident!

Sie haben eine Antwort gegeben, die mir sehr gut gefallen hat. Und zwar im FAZ-Fragebogen auf die Frage »Ihre liebste Beschäftigung?«. Ihre Antwort: Laufen und dabei nachdenken. Das könnte von mir sein.

Ich bin beruflich ziemlich angespannt, versuche aber möglichst oft, möglichst weit zu laufen.

Für dieses Jahr habe ich mir vorgenommen, am Ost-West-Berliner Marathon mitzumachen – zusammen mit vielen Freunden aus der BRD und den USA. Ich glaube zwar nicht, daß ich Ihnen beim Denken großartig helfen kann – aber ich würde mich gerne einmal mit Ihnen treffen und einen Lauf machen.

Ich verspreche Ihnen, nicht allzuviel Unsinn zu reden und mich Ihrem Tempo anzupassen.

Ich bin am 23., 24. und 25. Februar in Berlin. Sollte es Ihnen an einem dieser Tage Spaß machen, lassen Sie es mich wissen. Ich würde mich freuen.

Zu meiner Person: Ich bin 45 Jahre alt, zum Zeitpunkt unseres eventuellen Treffens 46, verheiratet, 3 Kinder, Geschäftsführer in einer Werbe-Agentur (was Sie aber nicht erschrecken muß), Ex-Mittelstreckler, wegen Achillesproblemen auf die Langstrecke ausgewichen.

Ich wünsche Ihnen persönlich auf jeden Fall bei Ihrer Arbeit Erfolg.

Mit freundlichen Grüßen
Ihr
Klaus Erich Küster

Cottbus, 6. 1. 1990

Offener Brief an den Ministerpräsidenten der DDR
Dr. Hans Modrow

Sehr geehrter Herr Ministerpräsident!
Parteilose haben keine Presse, aber sehr wohl eine Meinung, und derzeit werden viele Menschen in der DDR weniger durch Parteiprogramme als vielmehr durch gemeinsame Erwartungen und Wünsche vereint. Die meisten mißtrauen noch den alten traditionellen Parteien, deren führende Mitglieder in der Mehrzahl an der Misere der Vergangenheit maßgeblich beteiligt sind. Auch ich bin und war parteilos, wie viele Bürger unseres Landes, ich fühle mich aber auch ohne parteiliche Bindung in der Verantwortung.

Noch fehlt eine ausreichende Orientierung über Parteiprogramme und über die Menschen, die neue Ziele und Inhalte verkörpern. Man sucht noch nach dem neuen Weg in die Zukunft, und mancher, der sich in Umfragen für die SED entscheidet, tut dies verunsichert oder aus Resignation – noch keine gute Voraussetzung für die nächsten Wochen und Monate.

Daß die SED-Führung korrumpierbar war, verwundert nicht. Die auserwählten Genossen sind in ihrer abgeschotteten Machtposition eben kleine Menschen geblieben und nicht große Kommunisten geworden – eine Enttäuschung für viele SED-Mitglieder, deren Vertrauen mißbraucht wurde, und wir alle mußten darunter lange genug leiden. Deshalb sollte die SED-PDS jetzt an erster Stelle ein moralisches und erst an zweiter Stelle ein politisches Selbstverständnis wiedergewinnen. Und für das, was sie uns Nichtmitgliedern zu sagen hat, mahnen wir an: Erneuerung ist gut und richtig, aber nicht gleich wieder uns sagen wollen, was für alle gut und richtig ist – erst einmal selber lernen!

Die Zeit des Übergangs bis zu freien Wahlen ist kurz und erfordert von Ihnen staatsmännische Klugheit. Wir Parteilosen, die wir täglich durch unsere Arbeit zum neuerlichen Aufbau beitragen wollen, erwarten von Ihnen als Repräsentanten der SED-PDS Redlichkeit und politische Fairneß, und ich könnte mir keinen besseren Beweis dafür vorstellen, als daß im Hinblick auf die Wahl schon jetzt grundsätzlich und für jeden Fall die SED-PDS Verzicht erklärt auf das verantwortungsvolle Amt des Staatsoberhauptes, dem andererseits eine klare Entscheidungsbefugnis einzuräumen ist gegenüber dem Regierungschef.

Unbegrenzte Machtansprüche kann ich der SED-PDS als Wahlziel nicht abnehmen. Ich nicht, viele nicht – und ich glaube, wir alle nicht. Ein wenig kenne ich die Menschen um mich herum und weiß, was sie fühlen und denken. Ihre Regierung, Herr Ministerpräsident, wirbt um Glaub-»Würdigkeit«. Wir wollen das akzeptieren, aber Sie sollten Entgegenkommen zeigen. Jeder weiß, daß weder die Volkskammerabgeordneten noch die Regierung ein demokratisches Wahlmandat besitzen: Die Minister sind Mitglieder der SED oder einer der stets schweigenden Satellitenparteien von gestern. Geben Sie ein Signal – lassen Sie und alle Minister Ihres Kabinetts die Parteizugehörigkeit bis zum 6. Mai ruhen! Geben Sie mit Ihren Ministern eine Erklärung dazu ab, und zeigen Sie durch ausgewogene Regierungsentscheidungen, daß tatsächlich Ihre Parteimitgliedschaft ruht und die zum Schrecken gewordene Parteidisziplin der SED keine Handlungsimpulse fordert.

Was wir, was die Bevölkerung der DDR von der jetzigen Regierung, aber auch von den zukünftigen Parteien erwarten, sind nicht zugespitzte und vielleicht an noch illusionären Vereinigungsprämissen oder an einer überbewerteten Gefahr eines Rechts-Extremismus hochgezogene Gegensätze, sondern politische und wirtschaftliche Vernunft, die auch dem so gründlich diskreditierten Sozialismus erst dann wieder Raum gibt, wenn die Existenz des Staates und damit der Menschen gesichert ist. Niemand will die soziale Sicherheit der Menschen in Frage stellen, aber dazu ist nicht zwingend sozialistische Dogmatik nötig.

Wir brauchen in der Wirtschaft eine uneingeschränkte gewerbliche Freizügigkeit für alle Eigeninitiativen bis hin zur Betriebs- und Fabrikgründung, weil nun einmal jeder die Früchte seiner Arbeit, seines Fleißes und seines Einfallsreichtums auch ernten möchte. Der Fleiß der Fleißigen darf nicht wieder durch illusionäre Vorstellungen politischer Träumer zunichte gemacht werden. Denn es sind nun einmal die Einfallsreichen und Fleißigen, die das Wohl und den Fortschritt eines Staates bestimmen.

Herr Ministerpräsident, Minister der SED-PDS – Ich versichere Ihnen meinen Respekt in Übereinstimmung mit vielen Bürgern unseres Landes. Sie haben eine schwere Aufgabe übernommen; dafür gebührt Ihnen Dank. Doch Sie gehören der SED an, von der unser Volk moralisch und wirtschaftlich an den Rand des Ruins gebracht wurde. Sie alle haben noch bis vor kurzem stets die Partei vor die Regierung gestellt – es darf aber nicht wieder vorkommen, daß eine Partei ihre eigenen Ziele und das bevorzugte Wohl ihrer Mitglieder vor das Wohl des Staates und damit der übrigen Menschen stellt. Noch fürchten wir aber, daß die SED-PDS wieder mit solchen Ansprüchen antreten könnte.

In den Monaten vor der Wahl muß für uns jeden Tag erkennbar sein, daß Ihre Regierung **alle** Menschen in der DDR vertritt, ausschließlich das Wohl des Staates vor Augen hat und nicht von der Parteidisziplin der SED-PDS abhängig ist – sonst entwickelt sich eine Polarität, die dann auch Gewalt, die natürlich niemand will, nicht mehr ausschließt.

In der Hoffnung auf Verständnis – mit vorzüglicher Hochachtung

       OMR Prof. Dr. Anno Dittmer
       Chefarzt der Kinderklinik
       im Bezirkskrankenhaus Cottbus

Emstal, 12.01.1990

Sehr geehrter Herr Ministerpräsident,
lieber pommerscher Landsmann Modrow,
mit großem Erstaunen, aber auch Freude habe ich dem »Kiek in de Mark«, unserem Mitteilungsblatt des Heimatbundes Pasewalk/Ückermünde/Torgelow und Landgemeinden, entnommen, daß Sie aus Lasenitz und damit aus unserem alten Ückermünder Kreis stammen. Weiterhin verbindet mich Ihre Lehrzeit in den Hydrierwerken in Pölitz mit Ihnen, verbrachte ich dort doch 1943 einige Monate als Luftwaffenhelfer unserer Pasewalker Oberschule.

Ich selbst bin alter Pasewalker und am 28. Juli 1926 dort geboren.

Im Februar 1949 kam ich aus französischer Gefangenschaft zurück nach Pasewalk, war einige Monate in Rostock im Lehrerausbildungskursus, ab Januar bis Mai 1950 Leiter des Kreisbüros der Jungen Pioniere in Neustrelitz, zur »politischen Umschulung« bis September 50 in Marienberg/Sachsen im Untertagebau bei der Wismuth AG und zog es dann vor, in den »goldenen Westen« zu flüchten.

Hier habe ich mein Lehrerstudium absolviert und war bis 1986 im Schuldienst tätig.

Der Grund meines Schreibens ist folgender:

Ich freue mich aufrichtig, daß gerade ein Mensch unseres alten Heimatkreises heute eine derart hohe politische Position erreicht hat. Wenn viele Menschen, aus welchen Gründen auch immer, der DDR früher oder später den Rücken gekehrt haben, so fühlen sie sich der alten Heimat trotzdem immer noch verbunden, was sich wohl auch in Zukunft nicht ändern wird.

Ich wünsche Ihnen, lieber Herr Modrow, in Ihrer schwierigen Arbeit viel Erfolg, aber auch viel Fingerspitzengefühl.

Ich bin, um ehrlich zu sein, durchaus kein Anhänger der SED gewesen. Ich wollte damals in Neustrelitz den Jungen Pionieren auf sportlicher Basis Hilfen geben, mußte jedoch einsehen, daß Politik und Sport in der DDR nicht zu trennen waren, so daß ich eben meinen Weg anderswo suchen mußte.

Wenn Sie der neuen Politik in der SED/PDS neue und damit demokratische Impulse geben, bin ich überzeugt, daß sich auch gewünschte Änderungen herbeiführen lassen. Man sollte jedem bei einem Neuanfang zuerst einmal eine Chance geben, sich zu bewähren. Leider wird das bei Ihnen nicht der Fall sein, was die augenblickliche Situation deutlich zum Ausdruck bringt, und das ist schade.

Versuchen Sie trotzdem, so lange Sie es können und Einfluß haben, Ihr Land und damit meine alte Heimat dorthin zu führen, wo man menschenwürdig leben kann. Ich habe Vertrauen zu einem ehemaligen Pommeraner!

Vielleicht noch eine Bitte. Der Name Pommern ist leider in der DDR durch die Gebietsreformen völlig untergegangen. Gibt es in der Zukunft keine Möglichkeit, ihn in irgendeiner Form wieder aufleben zu lassen? Es wäre zu schön, schon aus historischen Gründen.

Ich wünsche Ihnen für die Zukunft allen erdenklichen Erfolg, gutes Stehvermögen und vor allem die entsprechenden gesundheitlichen Voraussetzungen, um Ihre schwierige Arbeit erfolgreich fortsetzen zu können.

Ich verbleibe

mit freundlichen Grüßen auch an Ihre Familie
Paul-Kurt Wolf

Parchim, 17.1.1990

Sehr geehrter Herr Ministerpräsident Modrow!

In der Hoffnung, daß Sie diese Zeilen persönlich erreichen, möchte ich Ihnen schreiben. Ich bin parteilos und Mutter zweier Kinder. Ich liebe mein Land und verfolge wie so viele mit Sorge die Entwicklung in unserem Land. Aus meiner Stadt, so sagen die Nachrichten, will ein Bürger die Republikaner »salonfähig« machen. Das ist sehr schlimm.

Obwohl ich nicht unbedingt ein Sympathisant der SED war, so achte ich heute all diejenigen, die ihr Buch nicht abgegeben haben und sich der Verantwortung stellen. Wir unterhalten uns in unserer Familie und im Bekanntenkreis viel über die Vorgänge und auch über Sie.

Ich möchte, daß Sie wissen, daß es auch hier im Norden viele Leute gibt, die Sie sehr achten und schätzen. Ich selbst habe sehr große Hochachtung vor Ihrem Mut, dieses Amt übernommen zu haben, man spürt, Ihnen geht es nicht um eine Partei, sondern um das Wohl unseres Landes.

Ich weiß nicht, ob Sie jemals diese Zeilen lesen werden, ich bin auch nur eine Stimme von Millionen, aber Sie haben zur Zeit so schwere Stunden zu überstehen, sehen so müde aus, da wollte und mußte ich einfach schreiben. Diese, meine Meinung sage ich auch, vielleicht hilft es, daß manche dann erst einmal nachdenken. Ich wünsche Ihnen für die Zukunft alles Gute und Gesundheit. In der Sorge um unser Land und der bleibenden Hoffnung, daß die Vernunft siegen wird, verbleibt mit größter Hochachtung

Angelika Büttner

Lindau, 30.6.1990

Sehr geehrter Herr Modrow,
ich habe viele Jahre als Deutscher die US-Truppen in der Bundesrepublik kulturell und sportlich betreut. Und kenne natürlich auch die wichtigsten Journalisten aus diesem Land. In diesen Tagen haben wir uns unterhalten über den Fall der Berliner Mauer.

Diesen historischen Tag nahmen Sie bekanntlich zum Anlaß, eine Rede abzulesen, in Bezug auf die US-Aggression in Panama.

Nun haben viele Bundesbürger wirklich gehofft, da ist endlich einmal ein ehrlicher Mann – der sagt, was er denkt, und handelt, wenn es möglich ist.

Die USA sind Jahrzehnte schon in Panama. Die haben vor ihrer eigenen Haustür Ordnung geschaffen. Das haben Sie entweder nicht gewußt – oder wenn ja, zum falschesten Zeitpunkt abgeliefert.

Ich würde an Ihrer Stelle eine Reise in die USA verschieben. Denn, diese im Ostblock übliche Regung hat viele Leute in den USA sicher verprellt. Anstatt sich der einmaligen Möglichkeit zu bedienen, diese alten Verse nicht mehr abzulesen – in freier Rede dankeschön an alle Beteiligten unterzubringen.

Ich kenne zahlreiche große Unternehmen, die Ihnen und Ihrer Frau Kollegin LUFT gern Nachhilfeunterricht erteilen würden in Bezug auf die freie Marktwirtschaft. Sollten sie je die Bundesrepublik besuchen, so fragen Sie einmal nach bei OPEL, bei FIAT, bei FORD, bei VOLVO, bei IBM, wem denn das Betriebsgelände gehört, dann sind alle diese monatelangen Irrungen und Wirrungen in Ihrer Zeit sofort begreifbar.

Diese Firmen schaffen Arbeitsplätze. Sie lassen sich aber das Thema vom Ausverkauf der DDR nicht bieten. Was gibt es denn in diesem ehemaligen Bauernstaat – oder Arbeiterstaat, was wir selbst nicht hätten? Diese Betriebe werden doch in ganz Europa gesucht. Mit Grundeigentum, mit Steuerfreiheiten, mit Gewinn- und Verlust-Abschreibungen. Es ist schade, daß wirklich so ein optisch angenehmer Mann diese Schleifspuren hinterlassen mußte.

Mit freundlichen Grüßen
H. Kirsten

Berthelsdorf, 18.1.90

Sehr geehrter Herr Ministerpräsident Modrow!

Gegenwärtig erleben wir, daß im Prozeß der Erneuerung unserer Gesellschaft das Streben von vielen Menschen nach Macht und Besitz offen oder verdeckt an erster Stelle steht. Menschen, die unter der Diktatur gelitten haben, sind jetzt selbst intolerant gegenüber Menschen mit anderer Meinung. Menschen verwenden viel Zeit und Kraft, um bei der Erneuerung unserer Gesellschaft zu helfen, sie werden von anderen Menschen belächelt, die auf dem Sofa sitzen und auf die Wiedervereinigung warten.

Sie werden von vielen Seiten kritisiert, nach unserer Meinung sehr oft sehr unüberlegt. Sicher, auch Sie werden Fehler machen, Menschen sind immer fehlbar.

Sie sollen wissen, daß wir Hochachtung vor Ihrem persönlichen Einsatz haben. Wir wünschen Ihnen die nötige Weisheit, politische Entscheidungen so zu treffen, daß sie in der Praxis bestehen können. Wir wünschen Ihnen Freunde, die Ihnen Geborgenheit und Rat geben können. Wir wünschen Ihnen Gelassenheit, Kritik und Unvernunft zu ertragen. Wir wünschen Ihnen Kraft, daß Sie an Ihrem Amt nicht menschlich zerbrechen. Sie sollen wissen, daß wir für Sie beten.

Mit freundlichen Grüßen
H. N.
und Familie

Dresden, 19.1.90

Sehr geehrter Herr Dr. Modrow!
Alle Menschen meines Bekannten- und Kollegenkreises sind fest davon überzeugt, daß Sie ehrlich, anständig und fähig sind, unser schwer betrogenes Volk aus der Krise zu führen. Wir alle möchten Sie am 6. Mai gern wählen, aber niemand, den ich kenne, wird seine Stimme der SED-PDS geben.
Bitte lösen Sie sich von dieser moralisch so stark belasteten Partei!
Beseitigen Sie, bitte, den Widerspruch zwischen Ihrem ehrlichen Bemühen und dem nur auf Erhalt der Macht des noch immer agierenden Apparates gerichteten undurchsichtigen Treiben in der Partei.
Helfen Sie Ihren Wählern!

Helga Sievers

Halle (Saale), 23.01.1990

Sehr geehrter Herr Ministerpräsident!
Lieber Genosse Modrow!
Als ich gestern abend mein »Zeitungsarchiv« der vergangenen Wochen durchsah, entdeckte ich in Ihrer Biographie, daß Sie ja am 27. Januar Ihren Geburtstag »feiern«. Das ist der Anlaß dieses Briefes.
Ich habe noch nie das Bedürfnis empfunden, jemandem meine besten Wünsche zum Geburtstag auszudrücken, der, wie Sie, die Geschicke unseres Landes maßgeblich mit seinen »Händen« formt. Ihnen aber wünsche ich, so ehrlich man das nur kann, Mut, Kraft, Stehvermögen und eine dünne Haut für unsere Probleme im Großen wie im Kleinen.
Ich spreche Sie auch als Genossen an, weil ich mir in jeder

Nacht meine Zweifel ausschlafe, weil ich zwischen ehemaligen SED-Mitgliedern langsam erfriere. Ich höre und lese laute Rechtfertigungen; unter der Last ihrer langen Leben (auch politischen) sind sie zu schwach, ihre selbstgebauten Zäune niederzureißen. Wo beginnt Opportunismus, wo Verrat, wer geht wirklich aus Enttäuschung und Verzweiflung? Sie gehen, ohne zu fragen, wer für ihre Schwäche zahlt. Mich trägt und drängt die Sehnsucht nach dem Leben meiner Idee, wenngleich sie in ihrer Machbarkeit noch nie so weit von mir entfernt lag. Ich teile durchaus nicht alle Entscheidungen Ihrer Regierung, bin mir aber dessen bewußt, daß Sie auf des Messer Schneide barfuß tanzen. Ich höre jeden Montag die Trompeten jener jubeln, die unserer Partei den Tod wünschen. Ich bin mit meiner Vergangenheit hier zu Hause und kann mir daher nicht entfliehen. Teilweise empfinde ich körperliche Angst, macht sich doch auf den Straßen in wachsendem Maße eine Pogromstimmung (das Wort ist bewußt gewählt) gegen SED-PDS-Mitglieder breit. Sicher, »das Volk« ist vor Verzweiflung grausam geworden, aber ich weiß auch, die Stunde des Rechts ist immer vorüber, sobald einmal die »Waffen« erhoben sind. Und so entscheidet sich in Ihrem Schicksal nicht nur ein einzelner Konflikt, sondern ein geistiges, weltanschauliches Prinzip.

Ich bin keine rettungslose Romantikerin ohne Sinn für die Wirklichkeit, bin auch gegen grobe bilderstürmerische Angriffe gegen objektiv Notwendiges, aber in mir ist ein großer Trotz; ich bin meiner ehemals so »großen« Partei in ihrer schwersten Stunde etwas schuldig. Und so werde ich mich nicht davonstehlen, sondern mich für unsere Partei wehren. Für diesen Entschluß haben Sie mit Ihrem persönlichen Einsatz schon vor längerer Zeit einen wesentlichen Impuls gegeben und sind mir Ansporn. Auch wenn ich nur eine unter vielen bin, lassen Sie es mich dennoch sagen: Es ist für mich wichtig, in Ihnen auch den Genossen sehen zu können, denn der Schrecken über Herrn Berghofers Bruch mit der SED-PDS sitzt tief in mir, und wie viele brauche ich gerade jetzt Vertrauen!

Mit dieser Hoffnung danke ich Ihnen und wünsche nochmals alles erdenklich Gute, Energie, Gesundheit und persönliches Glück.

Petra Sitte

Bremen, 29. 1. 1990

Sehr geehrter Herr Ministerpräsident,
 durch den Bericht des ZDF von der Dresdener Pressekonferenz des 19. 12. 1989 habe ich erfahren, daß Sie meinen Reparationsausgleichsplan erhalten haben und daß Sie die Meinung des Herrn Bundeskanzler Kohl dazu nicht teilen.

Andererseits haben Sie auch nicht deutlich gesagt, daß es vor der formellen Anerkennung dieser Reparationsschuld durch die Bundesregierung keine vertraglichen Abmachungen im Sinne der Erklärung des Herrn Bundeskanzler vom 28. 11. 1989 geben wird.

Man muß mit der Möglichkeit rechnen, daß Sie – so abhängig Sie sich vielleicht in mancher Hinsicht bereits von der Bundesrepublik fühlen mögen – der letzte Regierungschef der Deutschen Demokratischen Republik sind, der seine Entscheidungen in dieser Sache unabhängig vom Willen der Bundesregierung treffen kann. Da Sie angesichts anderer drängender Fragen dem Problem des Reparationsausgleiches nicht die notwendige Aufmerksamkeit zuwenden können, füge ich Kopien von zwei Briefen bei, die ich gestern an Herrn Bundeskanzler Dr. Kohl und an Herrn Professor Biedenkopf geschrieben habe. Sie ersehen daraus, daß es sich bei diesem Problem um die Grundfrage der deutschen Nachkriegsgeschichte handelt und daß die Entscheidung darüber (und damit über die Zukunft der

DDR und ganz Deutschlands und Mitteleuropas) jetzt in Ihrer Hand liegt. Selbst wenn Sie damit Ihre eigene politische Zukunft wagen, erwartet die Bevölkerung der DDR (wie ich aus den vielen Zuschriften weiß, die mich in den letzten Wochen erreichten), daß Sie in dieser Sache fest bleiben.

Als Historiker glaube ich übrigens nicht, daß Ihr Ansehen in der DDR leidet, wenn Sie allen Bonner Kreditangeboten und Investitionsversprechen widerstehen, bevor die Bundesregierung sich zu ihrer Reparations-Ausgleichsschuld bekannt und die Zahlung begonnen hat. Ich bin im Gegenteil davon überzeugt, daß die nun endlich selbständig denkende und entscheidende Bevölkerung der DDR durch Ihr festes Eintreten für den sofortigen Beginn der Reparations-Ausgleichszahlungen sich hinter Sie stellen wird, wenn sie über die Zusammenhänge ausreichend aufgeklärt wird.

Ich habe in den vergangenen Wochen erkennen müssen, daß die notwendige Aufklärung in ganz Deutschland eine Aufgabe ist, die meine Kräfte übersteigt. Ich habe mich deshalb mit einigen Kollegen (vier Wirtschaftswissenschaftler und zwei Rechtswissenschaftler) sowie vier Bremer Senatoren (darunter der zweite Bürgermeister) zu einem »Aufruf« vereinigt, der den Inhalt meines Reparations-Ausgleichsplanes (ohne Präambel) enthält und durch die Forderung nach sofortiger Gründung einer Wirtschaftskommission beider deutschen Staaten für die Modalitäten der Umsetzung der Reparationsausgleichszahlung von 272 Milliarden ergänzt ist.

Die Erst-Unterzeichner haben mich gestern abend beauftragt, Ihnen, sehr geehrter Herr Ministerpräsident Modrow, die nachfolgende Bitte vorzutragen:

Wir möchten Ihnen bei Ihrem bevorstehenden Besuch in der Bundesrepublik gern die historischen, völkerrechtlichen, ökonomischen und politischen Dimensionen unseres »Aufrufs zur Zahlung der Reparations-Ausgleichs-Schuld« vortragen, möglichst bevor Sie in Ihre Gespräche mit Herrn Bundeskanzler Dr. Kohl eintreten.

> Mit den besten Grüßen
> bin ich
> Ihr sehr ergebener
> Prof. Dr. Arno Peters

Berlin, 30.1.1990

Sehr geehrter Herr Vorsitzender des Ministerrates!

Die Lage in unserem Land und die sich abzeichnende Entwicklung veranlaßt mich, Ihnen einen vielleicht ungewöhnlichen Vorschlag zur Überwindung der anstehenden Probleme zu unterbreiten.

Obwohl ich selbst eine derartige Entwicklung bedauere, muß ich davon ausgehen, daß trotz Ihres hohen persönlichen Einsatzes und dem Ihres Kabinetts die anstehenden Fragen, vor allem im ökonomischen Bereich, aber auch im politischen und sozialen Feld eigenständig durch die DDR nicht gelöst werden können. Das trifft nach meiner Auffassung auch für jede im Ergebnis der Wahlen entstehende Regierung zu.

Kredite, wie der soeben zugesagte in Höhe von 6 Mrd. M, Kapitalbeteiligungen, Maßnahmen zur Wirtschaftsreform werden es in ihrer zeitlichen Wirkung und ihrer relativen Begrenztheit, bezogen auf die gesamte ökonomische Lage, leider nicht verhindern können, daß im übersehbaren Zeitraum auch weiterhin in erheblichem Umfang Teile der arbeitsfähigen Bevölkerung unser Land verlassen. Ich rechne damit, daß künftig – spätestens ab April/Mai dieses Jahres – der Anteil der in verschiedenen Berufsgruppen hochqualifizierten Beschäftigten im Ergebnis gezielter Abwerbungen einzelner Unternehmen oder gezielter Arbeitssuche weiter zunehmen wird, es sei denn, es gelingt ihnen, für ihr Verbleiben sichtbare Zeichen und Interessenlagen zu sehen. Die Folgen für die Produktion, für die Versorgung der Bevölkerung und für den Export wären ansonsten nicht vermeidbar. Daraus resultierende Folgen im politischen und sozialen Bereich brauche ich Ihnen gegenüber nicht weiter zu erläutern.

Keine politische Kraft in unserem Lande – und ich schließe die SED-PDS nicht aus – kann in ihren Programmen auf ein praktikables Konzept einer DDR-eigenen Überwindung der krisenhaften Situation zurückgreifen.

Alle bestehenden und sich neu formierenden politischen Parteien und Gruppierungen formulieren in ihren Zielen lediglich Oberbegriffe, ohne präzise Aussagen zu ihrer Realisierung.

Das ist für mich auch nicht verwunderlich, weil jedem dazu die materiellen Voraussetzungen fehlen.

Folgt man den gegenwärtigen Standpunkten, so ergeben sich quer durch unsere politische Landschaft zwei Grundmeinungen:
1. eine schnelle Herstellung der Einheit der beiden deutschen Staaten und
2. die Aufrechterhaltung der Eigenständigkeit der DDR im Rahmen einer Vertragsgemeinschaft mit der BRD im Prozeß der europäischen Einigung.

Welche Auswirkungen ergeben sich für mich, abgesehen von außenpolitischen Fragen, allein für den inneren Bereich der DDR aus diesen Alternativen?

Im ersteren Fall drohte ein Kollaps für einen hohen Anteil unserer Betriebe und Kombinate, die auf eine unmittelbare Konfrontation mit marktwirtschaftlich orientierten Unternehmen überwiegend weder in ihrem produktionstechnischen, noch im betriebsökonomischen Bereich vorbereitet sind. Massenweise Konkurse und eine hohe Arbeitslosigkeit wären die Folge, in deren Verlauf schwere soziale Härten und eine Radikalisierung des politischen Lebens im Bereich der DDR unausbleiblich auftreten würden.

Im zweiten Fall wäre der erforderliche Übergang scheinbar gewährleistet, nur ist die Bevölkerung nicht bereit, längere Wartezeiten in Kauf zu nehmen. Daraus entsteht die bereits erwähnte weitere Übersiedlung in der BRD, vor allem aus der arbeitsfähigen Bevölkerung. Die daraus entstehenden Folgen für die Produktion und die Versorgung der Bevölkerung sowie im sozialen Bereich führen zu politischen Spannungen und Entwicklungen, die es keiner politischen Gruppierung ermöglichen würde, das Land stabil zu regieren.

Es besteht die Gefahr des schrittweisen Ausblutens und des Eintretens einer völligen politischen Labilität mit all ihren unübersehbaren politischen Folgen.

Bitte verstehen Sie mich – es geht mir nicht um eine Entmündigung unseres Volkes oder um das mangelnde Vertrauen zu politischen Fähigkeiten des jetzigen oder künftigen Kabinetts oder der Volkskammer. Es geht mir um eine Lösung in einer Lage, in der die eigenen Kräfte offensichtlich überfordert und die Reserven weitestgehend erschöpft sind.

In dieser Situation halte ich es für erforderlich, ohne jedwede Rücksichten vor allem im Interesse des eigenen Volkes zu handeln und zu einer Lösung zu greifen, die sicher schmerzlich, aber nach meiner Auffassung noch die zweckmäßigste ist.

Ich schlage vor, der Bundesregierung der BRD noch vor den Wahlen die Teilnahme an der Regierung der DDR auf paritätischer Grundlage anzutragen und zu diesem Zweck einen Volksentscheid, gegebenenfalls in beiden deutschen Staaten herbeizuführen.

Nur unter diesen Bedingungen wird es vermutlich gelingen, entstandene Halbherzigkeiten zu überwinden und die einschlägigen Kräfte in Politik und Wirtschaft der BRD uneingeschränkt an der Stabilisierung der Lage in der DDR, vor allem im ökonomischen Bereich, zu interessieren. In einer Übergangsphase können über entsprechende Anpassungsregelungen, die politisch und ökonomisch von beiden deutschen Staaten getragen werden, die notwendigen Schritte zur Herstellung der Konkurrenzfähigkeit der Industrie der DDR getroffen werden. Das beinhaltet eine erhöhte Investitionsbereitschaft kapitalistischer Unternehmen in der DDR und Übergangsformen auf währungspolitischem Gebiet. Gleichzeitig kann die weitere Existenz unseres Staates und seiner politischen Kräfte dazu beitragen, negative soziale Auswirkungen zu mildern und die Interessen unseres Volkes wirksam zu vertreten. Des weiteren können aber auch notwendige Maßnahmen mit einer höheren, gemeinsam getragenen politischen Autorität und Wirtschaftskraft durchgesetzt werden.

Die vorgeschlagene Regelung ermöglicht, wenn auch mit Besonderheiten, die Erfüllung der Bündnisverpflichtungen der DDR. Das kann, um nur einige Aspekte zu berühren, erfolgen, indem die Verteidigungsausgaben und die materielle und personelle Sicherstellung der Armee auf das Niveau des Jahres 1989 eingefroren werden und der Verteidigungsminister der DDR im militärpolitischen Bereich nur der DDR-Seite der Regierung und dem Volkskammerausschuß rechenschafts- und auskunftspflichtig wäre.

Praktische Regelungen, darunter die schrittweise Verlegung von Dienststellen der Bundesregierung nach Berlin als der künftigen gemeinsamen Hauptstadt, eine übergreifende koordinierende Aufgabe des bisherigen Bundesministeriums für gesamtdeutsche Fragen sowie die schrittweise Integration von Staatsorganen sollten Gegenstand der angekündigten Vertragsgemeinschaft werden.

Flankierend können Partner und Patenschaftsbeziehungen zwischen Ländern der BRD und den zu bildenden Länderregierungen der DDR in das Gesamtsystem aufgenommen werden.

Werter Herr Vorsitzender des Ministerrates! Ich erlaube mir, gleichartige Gedanken dem Präsidenten der Volkskammer der DDR, Herrn Maleuda, sowie in einer dem Anliegen entsprechenden Form dem Bundeskanzler der BRD, Herrn Kohl, seinem Außenminister, Herrn Genscher, sowie dem Präsidium der SPD in der BRD zu unterbreiten. Ich hoffe damit einen Beitrag zu einer positiven Wendung der in unserem Land eingetretenen Lage zu leisten und werde weiterhin als Bürger der DDR bestrebt sein, auf meinem Platz meine Pflichten zu erfüllen.

Hochachtungsvoll
Harri Frank

Karl-Marx-Stadt, 1.2.90

Sehr geehrter Herr Dr. Modrow!
Schon lange nehme ich Anlauf zu diesem Brief. Der Grund dafür ist ein ganz einfacher. Ich danke Ihnen ganz herzlich, auch im Namen meiner Familie, für alles von Ihnen Geleistete. Sie waren derjenige, der als erster von den führenden Männern unseres Landes die Initiative ergriff. Sie übernahmen in schwerer Zeit dieses schwere und verantwortungsvolle Amt, und wie Sie es ausgeführt haben, war ganz großartig. Oft stellen wir uns die Frage: wann bleibt für Sie noch Zeit zur Ruhe und zum Auftanken, denn das Höchstmaß der Belastbarkeit für Sie ist sicherlich an manchem Tag überschritten.
Nun möchte ich mich erst einmal kurz vorstellen. Ich bin Jahrgang 1939, gehöre nicht der SED an, war da auch nie Mitglied. Ich bin Christ, seit meinem 16. Lebensjahr ganz bewußt – zumindest versuche ich das, war nicht in der Pionierorganisation und auch nicht in der FDJ. Bei meiner Frau ist der Verlauf ebenso. Aus diesem erwähnten Grund wurden meine Studienbewerbungen Ende der 50er Jahre/Anfang der 60er Jahre auch immer abgelehnt. Ich konnte mich aber auf der sogen. unteren

Ebene qualifizieren und nach Erlernen des Schlosserberufes noch einige Schweißerlehrgänge, Röntgen- und Ultraschallehrgänge besuchen, so daß ich jetzt als Werkstoffprüfer tätig bin, was ich nicht als Selbstverständlichkeit ansehe. Meine Tochter – 1970 geboren – durfte mit 12 Jahren nicht mehr im Blasorchester der TU unserer Stadt mitmusizieren, ja sogar die Ausbildung wurde sofort abgebrochen, da sie, wie unser Sohn – 1974 geboren –, nicht in der Pionierorganisation war. EOS gab es für sie ebenfalls nicht, da sie, wie auch unser Sohn, nicht zur Jugendweihe gegangen war und auch Dienst bzw. Ausbildung an Waffen ablehnte. Ihre Zensuren waren: Sport Note 2, alles andere waren Note 1. Sie hat den Beruf als Kinderkrankenschwester erlernt und ist in dieser Tätigkeit sehr glücklich. Es gab also in unserer Familie allerhand Benachteiligung und Grund genug, gegen vieles in unserer DDR eingestellt zu sein. Trotzdem war und ist dies unsere Heimat. Daß sich vieles ändern mußte, brauchen wir einander nicht erst zu sagen, aber daß es auch vieles gab, was es zu erhalten gilt, das sollte auch sehr deutlich gesagt werden.

Wir danken Ihnen also gerade mit dieser Familien-DDR-Vergangenheit für alles, was Sie, sehr geehrter Herr Dr. Modrow, in diesen Wochen für unser Land geleistet haben, und wünschen Ihnen weiterhin gute Gesundheit, viel Weisheit und Gottes Segen, denn auch für die Regierung Modrow gilt, was der Apostel Paulus im Brief an die Römer Kap. 13 schreibt:

Es ist keine Regierung, die nicht von Gott eingesetzt ist.

Alles Gute wünschend, grüßt Sie

Werner Brauner
und Familie

Dresden, 1.2.1990

Werter Genosse Hans Modrow!

Im vergangenen Jahr hatte ich Dich bereits zu einem Gang durch die Sächsische Schweiz eingeladen. Selbstverständlich weiß ich, daß Deine Zeit sehr knapp ist. Eine ordentliche Erholungsphase braucht dennoch jeder Mensch, also auch Du. Meine Einladung bleibt also erhalten.

Für die von mir geplante Wanderung würde ich den Bezirksnaturschutzbeauftragten, Dr. Jürgen Stein (DBD), mitbringen. Wir, das sind einige hauptamtliche Mitarbeiter und vor allem etwa 150 ehrenamtliche Naturschutzhelfer für das Landschaftsschutzgebiet Sächsische Schweiz, sehen besorgt die sich abzeichnende Entwicklung. Wer wird in einer Marktwirtschaft Geld für den Naturschutz haben? Wie ist zu verhindern, daß Arbeiter, Bauern, Jugend, Sport und Umweltschutz unter die Räder kommen? Wir wären beim Wandern keineswegs stumm. Meine Frau, sie arbeitet als Maschinengravierer beim Dienstleistungsbetrieb, möchte übrigens auch mitkommen. Da es auf die Wahlen zugeht und ich hoffe, daß Du in unserem Wahlkreis kandidierst, wäre ein Auftritt vor dem vielschichtigen Kreis der Naturschutzhelfer, die die Liebe zu unserer Heimat eint, vielleicht durchaus etwas Wertvolles. Wenn Du das wünschst, würde ich das versuchen zu organisieren. Ich bitte um Entschuldigung, weil man eigentlich zu seinem Ministerpräsidenten »Sie« sagt, aber ich kämpfe als Kommunist an Deiner Seite und wünsche Dir Kraft und Gesundheit

F. Neubert

Mainleus, 4.2.90

Sehr geehrter Herr Ministerpräsident!

Mit großer Freude vernahm ich Ihren Vorschlag, die beiden deutschen Staaten wieder zu vereinigen und die Neutralität anzustreben. Wenn wir Deutschen mit diesem Beispiel vorangingen, wenn wir **wirklich** handeln würden, anstatt zu reden, würde die Angst der übrigen Europäer, wir könnten zu mächtig werden, dahinschmelzen, und sie wären vielleicht geneigt, unserem Beispiel zu folgen. Alle sinnlosen Ausgaben für Rüstung könnten wir dann in Bildung und Umweltschutz stecken. Im Moment rüsten wir ja für bzw. gegen einen Feind, den es gar nicht gibt, und sehen viel zuwenig den eigentlichen Verderber, der in der Umweltkrankheit liegt und in wenigen Jahren unsere Gesundheit so untergraben wird, daß wir gar keine anderen Waffen und Vernichtungssysteme zu fürchten brauchen. –

Sollte es zu einer Wiedervereinigung kommen, was ich von Herzen wünsche, so mögen Ihre Ideen des Sozialismus, d. h. einer neuen **menschlichen** Brüderlichkeit in wirtschaftlichen Bereichen durchdringen. In unserem Kapitalismus, der auf Egoismus gegründet ist, liegt das Heil der Zukunft **nicht**. Wo große Besitztümer sind, braucht man Waffen, um sie zu verteidigen. Mit dem Verzicht auf Rüstung und dem ängstlichen Schielen auf einen großen Beschützer hin (der im Grunde genommen selber Angst hat) sollte der **freiwillige** Verzicht auf großes Privateigentum einhergehen. Es ist schade, daß unsere Regierung die Welt-Stunde, in der so einschneidende Dinge möglich wären, nicht erkennt.

Ich werde im anerkennenden Sinne auch an Herrn Gorbatschow schreiben und im bedauernden an die Herren Kohl, Genscher und Vogel.

Mit freundlichem Gruß
und Dank!
Edelgard Gramlich

PS: Ich bin Lehrerin an der Freien Waldorfschule Wernstein/ Mainleus, 50 Jahre alt, gehöre keiner Partei an. Alle unsere Kollegen könnten auch beim Staat angestellt sein und ein Gehalt beziehen, das mehr als doppelt so hoch ist. Wir verzichten darauf, um Neues zu impulsieren.
Sie können, falls Sie wollen, meinen Brief veröffentlichen.

Erfurt, 14.2.90

Werter Herr Modrow!
Es ist mir ein großes Bedürfnis, Ihnen meine Hochachtung und Wertschätzung auszudrücken! Die Behutsamkeit und große Ehrlichkeit, mit der Sie die anstehenden Probleme in Angriff nehmen, sicher in Gemeinsamkeit mit den Mitgliedern Ihrer Regierung, und Ihr Kampf um die Wahrung der Würde unseres Landes und seiner Bürger erfüllen mich mit Dankbarkeit. Immerhin haben wir eine Geschichte, und ein Teil der Bürger hat auch eine an dieses Land geknüpfte Identität, die sie bewahrt wissen möchten. Leider hat die Geschichte eine solch große Eigendynamik entwickelt, daß Sie auf ziemlich verlorenem Posten stehen, leider gibt es bei der bevorstehenden Wahl keine Möglichkeit der Personenwahl – ich wünschte mir und unserem Land eine neue Regierung, die sich aus Menschen wie Ihnen, Frau Luft, Herrn Ullmann (zum Beispiel) zusammensetzt!
Ich bin 38 Jahre alt und weder Mitglied einer Partei noch einer Vereinigung. Ich war auch »auf der Straße« – die Aufgabe unseres Landes und unserer Identität habe ich, und viele andere auch, nicht im Sinn gehabt!

Mit großer Hochachtung!
P. S.

Stipsdorf, 18.2.1990

Sehr verehrter Herr Ministerpräsident Modrow!

Sie haben in der DDR eine Aufgabe übernommen, die Ihnen sicher ein hohes Maß an innerer und äußerer Spannung abverlangt. Die psychische und physische Leistung, die Sie täglich zu erbringen haben, scheint mir Ihre Kräfte oft aufs äußerste zu strapazieren. Wie Sie dieser Herausforderung begegnen, schafft Ihnen weit über die DDR hinaus viele Freunde, die Sie mit besten Wünschen und Gebeten begleiten.

Mir sind aus der Geschichte nur wenige Staatsmänner bekannt, die so tapfer und würdevoll mit dem ihnen übertragenen höchsten politischen Amt umgegangen sind. Jedenfalls geht die Geschichtsschreibung nicht sehr oft auf eine solche Haltung ein. Uns Deutschen fehlen deshalb solche Vorbilder. Dabei wären sie doch so nötig bei dem alten Drang nach Stärke und Überlegenheit.

Ich wünsche Ihnen deshalb mit meiner Frau, daß Sie gesund bleiben und sich nicht unterkriegen lassen. Und wir wünschen uns, daß Sie auch nach dem 18. März 1990 die politischen Geschicke unseres Landes mitbestimmen.

Sollten Sie einmal nach Schleswig-Holstein kommen, laden wir Sie herzlich ein, uns zu besuchen. Als emeritierter Westberliner Pfarrer und Direktor des Paul-Gerhardt-Stifts im Bezirk Wedding lebe ich jetzt mit meiner Frau hier in Stipsdorf am schönen Großen Segeberger See. Wir würden uns freuen, Sie als Gast bei uns begrüßen zu dürfen.

Für die nächsten vier Wochen noch ein heißes Herz für unser Land und eine glückliche Hand!

Gottes Geleit und Segen – auch für Ihre Familie –, verbunden mit herzlichen Grüßen und den besten Wünschen für frische Kraft an jedem Morgen!

Ihre Karin und Hans-Richard
Nevermann

Bad Blankenburg, 21.2.1990

Werter Herr Modrow!
Schon lange habe ich mir vorgenommen, Ihnen zu schreiben. Unbedingt aber wollte ich es vor dem 18.3. tun.

Mein Name ist K. P., ich bin 25 Jahre alt und derzeit Student im Ingenieurpraktikum. Ich schreibe nicht nur für mich, sondern auch im Namen meiner Familie.

Mit Ihrer Bereitschaft zur Übernahme des Amtes des Ministerpräsidenten haben Sie den Ausspruch »Für unser Land« in die Tat umgesetzt. Der Dank für das, was Sie seitdem für die Menschen und dieses Land getan haben, ist das Hauptanliegen dieses Briefes. Dieses ruinierte Land am Leben zu erhalten ist eine sehr komplizierte Aufgabe, die Sie – allerdings nur mit ständiger Hochdruckarbeit – zu meistern verstehen.

Würde man auf dem Dach Ihres Arbeitszimmers ein Überdruckventil installieren, so würde dieses sehr wahrscheinlich ständig abblasen. Ihr Besuch in Bonn hat mich an das Schreiben dieses Briefes erinnert. Das Auftreten von Ihnen und Ihrer Delegation weckte in mir das längst vergessene Gefühl des Nationalstolzes wieder. Es war längst fällig, daß wir Bürger dieses Landes uns endlich wieder auf unsere eigenen Kräfte besinnen und nicht nur auf die Hilfe von außen warten. Seit Ihrem Arbeitsbesuch haben sich endlich auch die Diskussionen am »Runden Tisch« und in der Volkskammer in Richtung der Besinnung auf die eigene Kraft gewandelt.

Wie die Zukunft dieses Landes aussieht, wagt wohl keiner mit Gewißheit zu sagen. Dafür, daß es besser wird, haben Sie und Ihre »Regierung der nationalen Verantwortung« einen soliden Grundstein gelegt.

Es ist – meiner Meinung nach – fast bedauerlich, wenn Ihre Amtszeit am 18.3. zu Ende ist, allerdings bedeutet das ja nicht, daß sie umsonst war – ganz im Gegenteil!

In diesem Sinne möchte ich dieses Schreiben beenden. Ich bedanke mich bei Ihnen und wünsche Ihnen und Ihrer Familie für die Zukunft in der DDR oder in Deutschland viel Gesundheit und alles Gute.

Mit freundlichen Grüßen
K. P. und Familie

Hørsholm, 21.2.1990

Sehr geehrter Herr Ministerpräsident!

Ob Sie diesen Brief erhalten werden, weiß ich in schreibender Stunde nicht.

Auf jeden Fall habe ich als Däne das Bedürfnis, Ihnen gegenüber meine Hochachtung auszusprechen für die Art und Weise, wie Sie in einer Periode in der deutschen Geschichte die Situation zu lenken versuchen, gerade durch Ihre Ruhe und Besonnenheit sowohl der Bevölkerung in der DDR wie den Bewohnern in der BRD gegenüber. Darf ich die Hoffnung aussprechen, daß es Ihnen gelingen wird, dieses Segeln zwischen Scylla und Carybdis mit einem positiven Ergebnis zu vollenden, egal welche politische Farbe in der Minorität oder Majorität vorhanden ist.

Mittels eines Hybridnetzes in der dän. T. V. haben wir die Evolution in der DDR seit dem 9.11.1989 genau verfolgt sowie auch anschließend in der BRD.

Wir hoffen, daß die Lage sich durch eine Währungsreform stabilisieren wird, es eilt!

Mit freundlichen Grüßen
Jens Høite

L., am 21.2.1990

Sehr verehrter Herr Ministerpräsident Modrow!

Das einzige Anliegen meines Schreibens an Sie ist, Ihnen ein aufrichtiges, großes Dankeschön für Ihr unermüdliches, an die Grenzen der physischen Leistungsfähigkeit gehendes Wirken für die Bürger unseres Landes zu sagen.

Ich war kein Mitglied der SED und wurde deshalb des öfteren benachteiligt oder ungerecht behandelt. Aber diese Zeit ist doch vorbei. Und gerade deshalb beurteile ich persönlich einen Menschen stets nach seinen Taten und nie nach seiner früheren oder jetzigen Parteizugehörigkeit. Die Arbeit Ihrer Regierung und Ihr persönliches Engagement erfordern höchste Achtung und Anerkennung.

Es stimmt mich nur immer wieder traurig, wenn ich sehe, wie viele Menschen einfach mit anderen mitschreien, ohne ihren eigenen Kopf zum Denken zu benutzen, obwohl ich als ehemaliger Mathematiklehrer (seit einiger Zeit wegen einer Krebsoperation invalidisiert) meine vordringlichste Aufgabe in der Erziehung zum selbständigen Denken gesehen habe.

Ich weiß nicht, ob es Ihr umfangreiches Arbeitspensum erlaubt, den Brief selbst zu lesen. Vielleicht trägt es aber doch dazu bei, Ihre Kraft zu stärken, die Sie für die Ausübung Ihres so schweren Amtes benötigen, wenn Ihnen einer Ihrer Mitarbeiter sagt, daß es viele Menschen in unserer Republik gibt, die Ihren Einsatz voll zu würdigen wissen.

In diesem Sinne im Namen meiner ganzen Familie: Danke, Herr Ministerpräsident, danke!

D. P.

Institut für angewandte Politologie

Graefestrasse 74
1000 Berlin 61
Dirk Petsch
Carsten Johnson

Tel. (030) 693 41 09
693 63 21

Berlin, 25.2.1990

An den Ministerpräsidenten der DDR
Herrn H. Modrow
Haus des Ministerrats
DDR Berlin 1020

Sehr geehrter Herr Modrow,
erlauben Sie mir, Ihnen auf diesem Wege meine Hochachtung für ihre integre und menschlich großartige Haltung auszusprechen.

Als Beobachter der politischen Szenerie der BRD wie auch der DDR kann ich Ihnen versichern, daß es nicht viele Entscheidungsträger gibt, die wie Sie, auch in hoffnungsloser Situation, ohne auf die eigene Person zu achten, ihre – verzeihen Sie das große Wort – Pflicht erfüllen.

Seien Sie gewiß, daß ich diese Meinung mit vielen Bürgern beider deutscher Staaten in allen politischen Lagern teile. Auch wenn es Ihnen obliegt, Dinge in Bewegung zu setzen oder nicht aufhalten zu können und zu dürfen, die nicht Ihren Überzeugungen entsprechen, bitte ich Sie, Ihre derzeitige wie auch künftige Aufgabe weiterhin so pflichtbewußt und verantwortungsvoll zu erfüllen, auch nach dem 18. März, auch nach der wohl nicht mehr aufzuhaltenden Vereinigung der beiden deutschen Staaten.

Mit den besten Wünschen für Ihre politische Arbeit und Ihr persönliches Wohl,

hochachtungsvoll
Dirk Petsch

Sendenhorst, 9.3.1990

Sehr geehrter Herr Ministerpräsident Modrow!

Es hat lange gedauert, aber nachdem Sie – endlich!, möchte ich sagen – auch Forderungen an die Bundesrepublik gestellt haben und Herrn Gorbatschow um Mithilfe gebeten haben, habe ich aufgeatmet: So kämpft jemand, der wieder ein wenig Hoffnung schöpft.

Ihr Bemühen, die DDR durch die derzeit schwierige Situation zu steuern und nicht aufzugeben – allen Problemen zum Trotz, dabei auch weiterhin offen zu sein für die Ängste der Menschen in Ihrem Land, das alles macht auch mir Hoffnung, daß die friedliche Revolution in der DDR zu einem humaneren Deutschland führen kann, als es in der Bundesrepublik geschehen ist.

Für Ihren Einsatz möchte ich Ihnen hiermit danken und Sie ermutigen, sich gegen das Einlullen westdeutscher Konsum- und Kapital-Tanz-Mentalität weiter zu wehren.

Für Ihre Arbeit und für die weitere Entwicklung der Demokratie in Ihrem Lande im Sinne von mehr Humanität wünsche ich Ihnen und Ihren Mitbürger/Innen alles Gute.

Mit guten Wünschen und herzlichen,
wenn auch unbedeutenden Grüßen
Franz Graeber

Rostock, 9.3.90

Sehr geehrter Herr Ministerpräsident!

Mein Name ist Anke Gratopp, wohnhaft in Rostock. Ich bin 48 Jahre alt und von Beruf Krankenschwester. Mit Aufmerksamkeit habe ich die Arbeit der Regierung und ihrer Kabinette, die Arbeit der Volkskammer und des Runden Tisches in diesen bewegten Wochen verfolgt. Ich möchte mich für Ihr persönliches Bemühen, für Ihre übernommene Verantwortung bedanken. Ich habe Respekt vor Ihrer Haltung! Wir haben vierzig Jahre an den Sozialismus geglaubt und sind enttäuscht worden! Daran tragen aber meiner Meinung nach nicht nur die ehemaligen SED-Mitglieder, sondern viele andere Parteimitglieder und Parteilose! Es wäre auch für Sie einfacher gewesen, das Parteibuch »wegzulegen«, sich aus der Verantwortung zu stehlen! Viele taten es, aus welchen Gründen auch immer. Sie aber haben den Mut aufgebracht und sich der Verantwortung gestellt, obwohl Sie wußten, daß die Früchte andere tragen werden! Deshalb gilt Ihnen und Ihren Mitstreitern mein Dank.

Möge die Zukunft zeigen, wer von den neuen Parteien auch das hält, was uns versprochen wurde! Ich bedauere, daß wir selbst nicht in der Lage sind, einen eigenen Wahlkampf zu führen, und uns von den westlichen Parteien dirigieren lassen. Für eine Einigung ist die Mehrzahl der Bevölkerung, aber für eine stufenweise und durchdachte Einigung nur die Minderheit. Wahrscheinlich zählt bei den Mitmenschen im Moment nur die D-Mark!

Ich wünsche Ihnen alles Gute, Gesundheit und weiterhin Schaffenskraft.

Mit freundlichen Grüßen
A. Gralopp

An Porhov, 16.3.1990
Hans Modrow
B e r l i n
DDR

Beide deutsche Staaten können nur dann glücklich vereinigt werden, wenn die BRD aus der NATO austritt und das einige Deutschland nicht Mitglied in einem Militärblock sein wird. Europa, Bürger der DDR, denken Sie stets an die Tragödie von

1941 und an die 20 Millionen meiner Landsleute, die mit dem Preis ihres Lebens die heutige Welt, unsere und Ihre Existenz erkämpft haben.
Ich wünsche Erfolg.

Natalja Iwanowa
UdSSR, Porhov

Baden-Baden, 3.4.1990

Werter Herr Modrow,
Sie haben es mit Ihrer Regierung fertiggebracht, den Türken visumfreie Einreise zu eröffnen, obwohl Sie genau wußten, daß Sie damit einen neuen Menschenzustrom in die BRD in Bewegung setzen. Dieses Handeln ist eine Schurkerei und kann nur von politischen Lumpen vollbracht werden!
Ich gehöre zu jenen, die keine »Einheit« wollen. Bleibt Ihr Kommunisten doch, wo der Pfeffer wächst, und »verkauft Euch so teuer wie möglich« denen, zu denen Ihr längst gehört: den Russen und den Polen. Die werden Euch dann 1:1 verrubeln ...! Uns mutet man zu, Steuer-Milliarden aufzubringen und bei Euch abzuliefern, und Ihr setzt uns nach Banditenart das Messer an die Gurgel. Bleibt weiter Kommunisten und suhlt Euch im Dreck Euer Errungenschaften!

Beck

III. Schloß Wackerbarth und Feuerleiter – die Begegnungen Modrow – Kohl in Dresden und Bonn

Es gab marinierte Garnelen auf Orangenscheiben, dann Steinpilzsuppe mit Lauchstreifen. Ihr folgte als Hauptgang gespickte Kalbsnuß mit gebackenem Blumenkohl, Spargelstücken und Babykarotten, Spritzkartoffeln. Erdbeercharlotte mit Aprikosensoße rundete das Menü ab, und mit Mokka klang es aus.

Auf der Getränkekarte standen Schloß Wackerbarth trocken, 1984er Meißner Müller-Thurgau, 1988 Meißner Traminer und Weinbrand aus Wilthen.

Das war am Dienstag, dem 19. Dezember 1989, 12.00 Uhr. Fortsetzung des Gesprächs von Bundeskanzler Dr. Helmut Kohl und Ministerratsvorsitzenden Dr. Hans Modrow im Rahmen eines Arbeitsessens im kleinen Kreis, wie die knappe Presseinformation auswies.

Um 9.10 Uhr war Kohl in der Elbestadt gelandet. Auf der Fahrt zum Hotel »Bellevue« zeigte er sich locker und sehr aufgeschlossen. Die akuten DDR-Probleme interessierten ihn genauso wie die Biographie seines Gastgebers.

Die Ergebnisse der Kohlschen Dresdenvisite schienen für die DDR ähnlich fulminant wie die Speisekarte des Arbeitsessens. Liest man heute die gemeinsame Mitteilung über den Besuch, ist man versucht, von einer neuen Etappe in den deutsch-deutschen Beziehungen zu sprechen.

Modrow und Kohl stimmten überein, daß ein auf die gemeinsame Verantwortung für den Frieden und eine Vertragsgemeinschaft in den Beziehungen begründetes gutnachbarliches Verhältnis zwischen beiden Staaten von großer Bedeutung für die Stabilität in Europa sei und einen Beitrag zu einer neuen europäischen Architektur darstelle.

Die Bundesrepublik, versprach Kohl, würde den baldigen Abschluß eines Handels- und Kooperationsabkommens zwischen der EG und der DDR unterstützen.

Über die bestehenden Verträge hinaus sollte eine Vertragsgemeinschaft entwickelt werden mit Institutionen zur Behandlung der gemeinsamen Probleme des gesellschaftlichen Lebens. Es war vorgesehen, Hemmnisse in den Handelsbeziehungen abzubauen. Man plante die Einrichtung einer Fachgruppe »Tourismus«. Kohl erklärte sich bereit, die Postpauschale von bisher 200 Mio DM jährlich bereits ab 1990 um 100 Mio DM zu erhöhen. Modrow und Kohl bekräftigten noch einmal die am 5. Dezember 1989 erzielte Übereinstimmung zu Fragen des Reiseverkehrs und der Einrichtung eines Fonds für Reisezahlungsmittel bis zu einer Höhe von jeweils 2,9 Mrd. DM für die Jahre 1990 und 1991. Modrow kündigte ab 1. 1. 1990 einen Umtauschsatz für BRD- und Westberliner Bürger bei Reisen in die DDR von 1:3 an, und Kohl sah hier einen Schritt in die richtige Richtung.

Ein umfangreicher Kulturarbeitsplan DDR—BRD wurde unterschrieben mit einer Projektliste von 100 Einzelvorhaben.

Hier deutete sich Gemeinsamkeit für Jahre an. Modrow und Kohl äußerten die Absicht, zwischen der DDR und der BRD einen gemeinsamen Vertrag über Zusammenarbeit und gute Nachbarschaft abzuschließen. Die Arbeiten sollten sofort beginnen, ein unterschriftsreifer Text im Frühjahr 1990 vorliegen. Kohl spielte in Dresden nicht mit gezinkten Karten, wie manchmal behauptet wird. Er war ohne Zweifel von Modrows festem Reformwillen und seinem Demokratieverständnis wie auch von der Persönlichkeit seines Gastgebers tief beeindruckt. Was immer in Kohls Kopf vorgegangen ist, Modrow paßte offensichtlich nicht in sein Klischee vom kommunistischen Funktionär.

Vielleicht war da sogar ein Funken Sympathie für Modrow aufgeblitzt, aber das ist reine Spekulation. Menschen aus seiner näheren Umgebung fanden, er sei anders als sonst gewesen. Seine Rede vor der Ruine der Frauenkirche hatte etwas dem einzigartigen Augenblick Entsprechendes. Es wäre kein Problem für Kohl gewesen, das Lager der Pro-Wiedervereinigungsanhänger, die sich schon Stunden vorher auf diesem Platz mit den Vereinigungsgegnern heftigste Wortgefechte geliefert hatten, so anzuheizen, daß man ihn im Triumph auf den Schultern davongetragen hätte. Aber Kohl glättete die Wogen der Erregung, wohl nicht zuletzt unter dem Eindruck der Ruhe, die Modrow ausstrahlte. Man sagt, Kohl habe Modrow diesen »Gefühlsausrutscher« nie verziehen. Aber ihm muß im Nachhinein auch klar geworden sein, daß der Weg der Vertragsgemeinschaft, so wie ihn sein Gastgeber wollte, nicht die einzige Möglichkeit war, zur Einheit zu kommen. Es gab da möglicherweise eine Abkürzung. Denn neben Spruchbändern wie »Kohl und Hans, macht Deutschland ganz!« las er: »Mit Kohl zur deutschen Einheit«. Das Bundesland Sachsen grüßte weithin sichtbar seinen Bundeskanzler. Es ist schwer zu sagen, welche konkreten Gedanken Kohl im Kopf umgingen, aber gleich nach seiner Rückkehr nach Bonn begann die CDU West beispielsweise ihre bis dahin noch geübte feine Zurückhaltung gegenüber der CDU Ost, der ehemaligen Blockpartei, aufzugeben.

Dresden war also in der Tat wenn auch nicht der Beginn, so doch der Auslöser einer neuen Etappe in den deutsch-deutschen Beziehungen. Bonn ging ab von einer gleichberechtigten Vertragsgemeinschaft und rückte nicht das Verbindende in den Mittelpunkt der Beziehungen, sondern sein ökonomisches Übergewicht. Es wurde zum entscheidenden politischen Faktor für den Umgang mit Ost-Berlin.

Im Januar spitzte sich die politische und wirtschaftliche Situation in der DDR zu. Der Fehlbetrag im Staatshaushalt betrug 17 Mrd. Mark. Den wachsenden Forderungen nach

Lohnerhöhungen stand eine sinkende Effektivität der Arbeit gegenüber. Die Schere klaffte weiter auseinander. Bonn ließ Ostberlin mit der Erfüllung der Dresdener Vereinbarungen hängen. Die DDR wurde zunehmend als marodes Land bezeichnet. Von Erneuerung war kaum noch die Rede. Modrow arbeitete in diesen Tagen bis an die Grenze seiner Leistungsfähigkeit. Dennoch fand er immer wieder Zeit, sich dem Postberg zu widmen, der unvermindert stark blieb. Manches beantwortete er sogar selbst, anderes seine persönlichen Mitarbeiter. Doch viele Briefe mußten einfach liegenbleiben. Aber für Modrow blieb diese Form der Verbundenheit mit seinen Mitbürgern bis zum letzten Tag seiner Amtsausübung wichtig.

Am 25. Januar zog die CDU ihre Minister aus der Modrow-Regierung zurück. Am 28. Januar einigte sich Modrow mit der Opposition, der Volkskammer Wahlen für den 18. März vorzuschlagen. Die Regionalwahlen sollten wie vorgesehen am 6. Mai stattfinden. Jetzt gab es klare Verhältnisse.

Der Wahlkampf setzte sofort mit aller Schärfe ein. Wahlkampfthema Nummer Eins wurde für die ehemaligen Blockparteien die deutsche Vereinigung. Die SED/PDS und viele Bürgerbewegungen hielten dagegen. Der Konsens vom 17. November 1989, dem Tag der Modrowschen Regierungserklärung, war aufgekündigt. Anstelle sachlicher Argumente trat die Phrase von Wohlstand durch Vereinigung. Nur noch die sofortige Marktwirtschaft könne die Lage der DDR-Bürger verbessern.

Ende Januar wurde bekannt, daß der in Dresden vereinbarte Bonnbesuch Modrows am 13. und 14. Februar stattfinden würde. Im Gegensatz zum Dresdener Treffen regte die Bonner Begegnung viele Menschen in Ost- und Westdeutschland an, Modrow zu schreiben. Der Grund war fast immer der gleiche: die Art und Weise, wie Kohl in Bonn mit Modrow umgegangen war.

Von den äußerlichen Attributen glichen sich das Dresdener

und das Bonner Treffen in vielem: die Gespräche unter vier Augen und in Arbeitsgruppen, die ausgesuchten Speisefolgen, dann die Pressekonferenz. Allerdings war der Saal im Bonner Pressehaus so überfüllt, daß Modrow und sein Gastgeber nur über eine Feuertreppe zum Ort des Geschehens gelangen konnten.

Schon die ersten einleitenden Worte Kohls machten das veränderte politische Klima zwischen beiden Staaten sichtbar. Kohl begann: »Der Besuch von Herrn Ministerpräsidenten Modrow findet unter Vorzeichen statt, die noch vor wenigen Tagen niemand erwarten konnte.«

Er spielte auf seine Moskauer Gespräche an und zitierte TASS: »M. S. Gorbatschow stellte fest – und der Kanzler stimmte ihm zu –, daß es jetzt zwischen der UdSSR, der BRD und der DDR keine Meinungsverschiedenheiten darüber gibt, daß die Deutschen selbst die Frage der Einheit der deutschen Nation lösen und selbst ihre Wahl treffen müssen, in welchen staatlichen Formen, in welchen Fristen, mit welchem Tempo und unter welchen Bedingungen sie diese Einheit verwirklichen werden.«

Kohl bot Modrow sofortige Verhandlungen an, um eine Währungsunion und eine Wirtschaftsgemeinschaft zu schaffen. Zu einem Stichtag solle die Mark der DDR durch die D-Mark ersetzt werden, und zugleich müsse die DDR alle notwendigen rechtlichen Voraussetzungen für die Einführung einer sozialen Marktwirtschaft schaffen. »Wir beteiligen damit die Landsleute in der DDR ganz unmittelbar und direkt an dem, was die Bürger der Bundesrepublik Deutschland in jahrzehntelanger beharrlicher Arbeit aufgebaut und erreicht haben«, sagte er. Positiv beurteile er die große Bereitschaft »in unserer Wirtschaft zum Engagement in der DDR«. Modrow, von diesem Vorschlag offensichtlich in Bonn überrollt, machte vor der Presse in der Bundeshauptstadt deutlich, daß die DDR nicht als Armeleuteland in die Vereinigung komme. Noch sei sie nicht am Ende.

Nach diesem Bonner Treffen beider deutscher Regierungschefs war klar, Kohl würde nie mehr eine Gleichrangigkeit zwischen ihnen akzeptieren. Modrow wiederum machte deutlich, daß die deutsche Vereinigung nicht nur eine politische, wirtschaftliche und soziale Komponente hatte, sondern in starkem Maß auch eine moralisch-ethische. Es ging darum, wie die Ostdeutschen in die Vereinigung kommen würden: aufrecht und in Würde oder abhängig von dem, was das Mutterland Bundesrepublik für sie übrig hatte. Aber was sollte mit der 40jährigen DDR-Identität geschehen? Mit der Solidarität, die gewachsen war im DDR-Staatsvolk? Mit den guten und bösen Erfahrungen der Vergangenheit?

Diese radikal gewendete Haltung Kohls zwischen dem Dezembertag in Dresden und den Februarstunden in Bonn ... war das nur rational zu erklären, oder waren da nicht auch sehr starke emotionale Momente mit im Spiel? Etwa eine Antwort auf die Dresdener Gefühlsduselei? Die Chance, daß der politische Enkel Kohl seinen Ziehvater Adenauer übertreffen könnte?

Die Hamburger »ZEIT« schrieb von einer verpaßten Chance. Kohl ließ Modrow zappeln. Genau das war es. Und genau das hatte Modrow während der Pressekonferenz die uneingeschränkte Sympathie und Achtung der internationalen Presse eingetragen. Aber die Zeitung sah auch Aspekte in der DDR, die den Kohlschen Denkumschwung begünstigten: »Es lag allerdings nicht nur an Bonn, daß bei diesem Besuch nicht mehr herauskam. Alle Parteien am Runden Tisch hatten zuvor Hans Modrow die Hände gebunden; für wirkliche Verhandlungen ließ ihm dies keinen Spielraum.«

Da war sicher etwas dran. Modrows Position bei beiden Begegnungen mit Kohl gestaltete sich nicht nur wegen der komplizierten wirtschaftlichen Situation in der DDR weitaus schwieriger als die seines Gegenübers. Die politische Polarisierung im Osten Deutschlands wurde immer offensichtlicher und spürbarer. Die verschiedenen politischen Kräfte hatten zum Teil große Schwierigkeiten, miteinander auszukommen. Und nicht jeder, der sich wie ein Revolutionär gebärdete, war auch einer. Lothar de Maizère faßte das im April 1990 einmal in die treffenden Worte: »Es sind nicht immer die Mutigen von einst, die heute am lautesten die Bestrafung anderer fordern.«

Sicher traf das nicht gerade auf die Teilnehmer des Runden Tisches zu. Hier saßen wirklich viele, die unter dem alten Regime zu leiden gehabt hatten. Menschlich war es verständlich, daß sie gegen alle Vorbehalte hegten, denen noch der alte »Stallgeruch« anzuhaften schien. Aber innerlich mag es einem Menschen wie Modrow doch schon wehgetan haben, so betrachtet zu werden. So blieb er zwar nach außen hin ziemlich ungerührt, als ihn der Runde Tisch zu Jahresbeginn ultimativ vor das Auditorium zitieren wollte, aber kalt ließ es ihn nicht.

Als man dann zueinander kam, ohne daß Modrow sein politisches Gesicht als Regierungschef verlieren mußte, und man miteinander sprach, wurde deutlich, daß man eigentlich gar nicht in verschiedenen Lagern stand, wenn es um die Interessen der Menschen der DDR ging. Nur als Politiker hatte Modrow jede Forderung stets auf ihre Machbarkeit hin abzuklopfen.

Entscheidend veränderte sich das Verhältnis des Runden Tisches zu Modrow erst, als mehrere Teilnehmer Minister ohne Geschäftsbereich wurden. In Bonn saß man dann gewissermaßen schon in einem Boot. Mathias Platzeck von der Grünen Partei der DDR zum Beispiel fühlte sich von Kohl und anderen westdeutschen Ministern geschulmeistert. Minister Gerd Poppe, Initiative Frieden und Menschenrechte, war enttäuscht von diesem Treffen.

Also so ganz zutreffend war das Bild nicht, nach dem der Runde Tisch Modrow die Hände gebunden hatte. Modrow als Bewegungsunfähigen erscheinen zu lassen versuchte die Bonner Gegenseite. Richtig aber ist, daß so manche Spannung zwischen dem Runden Tisch und ihm den Menschen in der DDR nicht genutzt hat. Und es ist auch die Überlegung nicht von der Hand zu weisen, daß dieser oder jener Vertreter von Bürgerbewegungen durch besondere Schärfe gegenüber der Regierung verlorenes Terrain beim Volk wiedergutmachen wollte. Genutzt hat es nicht.

Der Wunsch nach dem 15 Milliarden-Solidarbeitrag für die DDR, als Dresdener Idee vom Runden Tisch bekräftigt, wurde regelrecht abgeschmettert. CSU-Landesgruppenchef Bötsch soll nach seinem Gespräch mit Modrow gesagt haben: »Der ist stinksauer.« Modrow hätte wohl die Hoffnung gehabt, bis zu den Wahlen am 18. März mit Milliarden D-Mark aus Bonn die leeren Regale in der DDR füllen zu können. Zu diesem Gefallen wäre man aber in Bonn nicht bereit.

Aber auch Finanzminister Waigel soll sauer gewesen sein, meldete eine Presseagentur am 14. Februar. Die Gegenseite hätte nämlich das Angebot der Währungsunion nicht genügend gewürdigt. Mit dem Satz: »Wir setzen mit der D-Mark die schärfste Waffe ein, die wir haben, und dann sagt man uns, wir hätten nichts gegeben«, machte er seinem Ärger im Kreis der Koalition Luft, wird von Teilnehmern berichtet.

Nicht alle waren so undankbar. Minister Eppelmann, damals noch Demokratischer Aufbruch, kritisierte am Abend des ersten Tages noch das Ausbleiben konkreter Verhandlungsergebnisse. Am zweiten dann bewertete er den deutsch-deutschen Gipfel als vollen Erfolg für die DDR-Regierung. Man müsse dem Bundeskanzler »dankbar sein, daß er uns finanziell absichern will«, meinte er laut DPA. Am 13. und 14. Februar war in Bonn an einen 2. Juli noch nicht zu denken. Wer auf den 3. Oktober Wetten abgeschlossen hätte, wäre heute ein reicher Mann.

Es scheint aber, als hätte Modrow geahnt, daß der Einheitstermin sehr schnell kommen und nicht nur die Bundesrepublik etwas kosten würde. Er hat es vielleicht daran gespürt, wie die DDR, die ja nun wahrlich kein vor Gesundheit strotzendes Land war, westlich der damals noch existierenden Grenzkontrollen kränker geredet wurde, als sie war.

Und so sagte er auf der Pressekonferenz in Bonn, zu der er nur über die Feuerleiter gekommen war: »Wer heute rasch und gern nur von einer instabilen DDR oder deren schwieriger Wirtschaft spricht, muß sich am Ende auch befragen lassen, ob man den Preis der Vereinigung nicht zu sehr zu Lasten des Volkes drücken will.«

Auf diese Frage hat es bis heute keine Antwort gegeben, wie man aus den folgenden Briefen an Hans Modrow entnehmen kann.

Norden 1, 10.12.89

Betreff: Währungsreform und -einheit – beste Vorbedingung für Deutsche Förderation

Sehr geehrter Ministerpräsident Dr. Hans Modrow!
Am 20. 10. habe ich dem mir bekannten Prof. Jürgen Kuczynski und am 3. 11. an den damaligen Staatsratsvorsitzenden Egon Krenz geschrieben und meine Mitarbeit angeboten, dabei zu helfen, die DDR ohne »polnische Zustände« in den Stand zu setzen, eine Eigendynamik zu entwickeln, um in eine Republik Bundesstaat Deutschland einzutreten. Prof. Kuczynski hat mein Schreiben trotz Nachfassens nur bestätigt. Egon Krenz antwortete nicht.
Obwohl ich nur kleiner Ratsherr der CDU bin, meine ich, Ihnen noch einige Vorschläge für die Verhandlungen mit unserem Bundeskanzler Helmut Kohl machen zu müssen. Wir sollten m. E. davon ausgehen, daß jeder Bürger in einer Demokratie nach dem kantschen Imperativ Politik machen sollte und auch Herausgehobene wie Sie täglich einen Bürgerbrief lesen und beantworten sollten, um die Bodenhaftung nicht zu verlieren. Ich mache immerhin seit meinem 15. Lebensjahr Wiedervereinigungspolitik im Sinne, die Menschen trotz Ausgrenzung durch Pakete, Briefe, Besuche und Einladungen zusammenzuhalten. Das tun hier Millionen der Stillen im Lande – ohne sie wäre die Entwicklung dieses Jahres nicht denkbar gewesen. Sie können auch bei einem harten Winter, einer Durstperiode mit privaten Hilfen eine Versorgungskrise meistern helfen. Machen Sie sich diese Menschen zu Verbündeten, und Sie werden als menschlicher Politiker in die Geschichte eingehen und auch Ihrer Partei eine Chance geben, wenn Sie meinen, daß es im demokratischen Sozialismus rettenswerte Werte gibt.
Wenn nicht binnen eines halben Jahres zumindestens eine Währungseinheit zustandekommt, dann läuft die DDR nach den Gesetzen des »Brain drain« leer, d. h., sie verliert ihre lei-

stungsfähigsten Bevölkerungsteile und steigt unrettbar auf das Niveau eines Entwicklungslandes ab, mit dem gar kein Bundesstaat mehr möglich ist! Wenn Sie die Menschen in Mecklenburg, Sachsen, Sachsen-Anhalt, Brandenburg und Thüringen lieben und meinen, daß diese einen besonderen Teil Deutschlands bilden, dann sollten Sie das verhindern und die Ihnen verbliebene Macht und den Verwaltungsapparat nutzen, um eine deutsche Form der Zusammenarbeit und des föderativen Zusammenschlusses herbeizuführen, der im Unterschied zu anderen Revolutionen ohne großes Köpferollen und Auswanderung ins Exil alle Deutschen in einem Staat zusammenhält. Zwei Weltkriege haben uns doch schon genug der Besten sowohl bei den Soldaten, der Zivilbevölkerung wie auch beim Widerstand gekostet, als daß wir uns eine weitere 44jährige Entsozialisierung leisten könnten. Wir brauchen alle, um den Rückstand der DDR-Länder aufzuholen.

Ich denke an eine geheime Vereinbarung einer Währungsreform ähnlich wie hier im Juni 1948. Als Zehnjähriger erlebte ich, daß von einem kaufkräftigen Geld gewaltige Impulse ausgehen. Inflationäres Geld bindet Bürokratie und läßt den Handel zum Tausch degenerieren. Die meiste Schaffenskraft wird dazu benutzt, durch Betrug Vorteile aus einer maroden Wirtschaft zu ziehen. Dazu müßte die Bundesbank in der DDR Kassensturz machen. Zu einem Monatsende müßten Löhne und Renten in West-DM ausgezahlt werden. Sparguthaben würden nur bis 3 000 Ost-Mark 1:1 aufgewertet, der Rest – sicher nach einer Prüfung des Erwerbs – später teilweise oder in Volksaktien bzw. Lastenausgleich abgewertet oder ausgezahlt. Die Schulden der DDR würden vorerst von der Bundesbank übernommen, es gäbe eine Milliardenstartspritze. Alle Ost-Mark würden aus dem Verkehr gezogen. Im weiteren Ablauf hätte jeder zu dem Arbeitsplatz zu gehen, bei dem er nun wäre, eine Preis-, Lohn- und Rentenreform (Erhöhung von Preisen und Bezügen) könnte langsam in Gang gesetzt werden. Rentensystem sicher erst nur pauschale Erhöhung der Grundrenten auf 500.- und dann prozentuale Erhöhung von Löhnen und Renten bei Hebung von Preisen z. B. für das als Viehfutter vergeudete Brot, langsame Hebung der Mieten auf Reparaturrentabilität. Einstellung und Umstellung von Produktion, umweltgerechtere Energieproduktion bei Vermeidung von Arbeitslosigkeit.

Eine gemeinsame Währung hätte den Vorteil, daß auch Westfirmen auf dem DDR-Markt ohne große Schwierigkeiten verkaufen könnten. Es wären dann auch Privatkredite auch auf familiärer Basis möglich, wenn Eigentums- und Grunderwerb für Bundesdeutsche in der DDR erlaubt würden. Ich kann mir nicht vorstellen, daß man eine so stark inflationierte Währung wieder gesund machen kann. Niemand weiß ja, wo noch versteckte druckfrische Ost-Mark Beträge sind. Eine Währungsreform in eine neue Ost-Mark wäre m. E. ein teurer Umweg.

Die Einführung der DM in der DDR würde eine weitere Aussiedlungswelle sofort wirksam stoppen. Im Interesse der Bürger der DDR hätte ich die Grenzen nie so weit aufgemacht, aber das ist nun nicht mehr rückholbar. Niederlassungsfreiheit in Deutschland kann man nicht nehmen, aber eine Umsiedlung in die Bundesrepublik müßte dann ab sofort ohne die Benutzung der bundesdeutschen sozialen Hängematte vorgenommen werden. D. h. Mitnahme nur der DDR-Rentenansprüche; 1:1 (nach Erhöhung der Grundrenten), für arbeitsfähige Menschen kein Arbeitslosengeldanspruch oder Eingliederungshilfe, keine Wohnungszuweisung oder Notquartiere. Sie wären auf Hilfe durch Verwandte angewiesen. Das müßte sicher mit einer Verschärfung des Asylrechtes für Wirtschaftsasylanten bei uns gekoppelt werden. Diese soziale Einschränkung ist begründet dadurch, daß es in der DDR keine politische Verfolgung mehr gibt, Rechtssicherheit einkehrt und mit einer Übergangszeit von 5–10 Jahren auch ein freier Arbeitsmarkt, freie Wohnplatzwahl, freie Berufswahl, Studienwahl hergestellt wird. Diese Regelung von Währungsreform und Entzug der sozialen Hängematte für die DDR-Bürger, die sich jetzt der Solidarität zum Aufbau dort entziehen wollen, würde am ehesten einen Sonderstatus für die

DDR-Länder bringen, den Ihre Partei doch so vergeblich als Anerkennung der Staatsbürgerschaft immer wieder vergeblich angemahnt hat. Sicher wäre das ein Übergangsstatus für mehrere Jahre. Dieser Status würde auch die Nachbar- und »Schutzmächte« Deutschlands beruhigen, denen eine Entwicklung zu einer »Einheit sofort« Angst einjagt, weil diese sie um die Früchte eines gewonnenen Krieges bringt und wieder eine zentraleuropäische Wirtschaftsmacht entstehen läßt. Sie werden aber einsehen, daß eine Verbesserung der Wirtschaftslage in ganz Osteuropa und der Sowjetunion auch ein ungeteiltes Wirtschaftsgebiet Deutschland braucht und eine nationale Einheit innerhalb von Europa auch immense Leistungen hervorbringt (siehe 1871–1914), die in einer multikulturellen Gesellschaft nicht geweckt werden, weil diese nur dem persönlichen und nicht dem Gemeinwohl verpflichtet sein kann.

Auf diese Weise könnte der Bund der DDR-Länder sicher einige neue Aspekte in die deutsche Politik einbringen, die bisher wegen des nicht kaufkräftigen Geldes zu wenig Entfaltung hatten: z. B. Leistungsgesichtspunkt der Schule im Klassenverband trotz Eingliedrigkeit, solidarische Hilfe für Alte, Kranke und Gruppenmitglieder, Verpflichtung der Arbeit, kein Drohnendasein für Arbeitsunwillige, sicheren Arbeitsplatz zu Arbeitslenkung und Studienlenkung. Ich würde gern als Berufsschullehrer oder bei der Lenkung der mittelständischen Wirtschaft mitarbeiten, um große Konzerne und nur die Herrschaft des Nutzenmaximierungsprinzips zu sparen.

Ich möchte »polnische Zustände« und einen weiteren Leidensweg für meine Landsleute »drüben« vermeiden, deshalb rate ich das an, obwohl ein allgemeiner Zusammenbruch einen Neuaufbau vereinfachen würde. Der Mensch sollte aber im Mittelpunkt der Politik stehen, nicht die Rechthaberei eines Prinzips.

Dafür wären Sie der richtige Mann.

Ihr Georg K. Schmelzle

Hannover, 12.2.1990

Sehr geehrter Herr Ministerpräsident, sehr geehrter Herr Modrow, seien Sie herzlich willkommen in der Bundesrepublik. Ihnen und Ihrer Delegation wünsche ich ein gleichberechtigtes, offenes und tolerantes Verhandlungsklima und für uns alle Ergebnisse in gegenseitigem Respekt voreinander.

Ich schreibe Ihnen, weil ich um solche Ergebnisse fürchte und Ihnen Ermutigung und Zuspruch geben möchte. Obzwar nicht DDR-Bürgerin, möchte ich Ihnen danken, daß Sie Ihr schwieriges Amt so würdig ausüben. Es ist für uns alle wichtig.

Ich schreibe Ihnen auch, weil mir wehtat, wie Sie von ihrem möglichen Zerbrechen sprachen, und heute, weil ich mehr denn je eine Art »Anschluß« der DDR an die BRD fürchte.

Ich freue mich, wenn wir ein gemeinsames Land haben werden, weil ich das Gefühl habe, im tiefen Unbewußten war etwas abgeschnitten. Das wurde mir erst bewußt, als die Grenze geöffnet wurde. Zuvor kannte ich nichts anderes als zwei deutsche Staaten und konnte es auch gut so lassen, nicht jedoch die martialische Art der Grenze. Ich könnte auch heute noch gut mit zwei irgendwie miteinander verbundenen deutschen Staaten leben.

Mein Verhältnis zu meinem Heimatland war – wie bei vielen meiner Generation in der BRD, Jahrgang 45 lange Zeit zwiespältig: ich fühlte mich in meiner Stadt, mit meinen Freunden zu Hause, konnte aber kein Nationalgefühl aufbringen, weil ich/wir uns jahrzehntelang mit der faschistischen Vergangenheit meiner/unserer Eltern auseinandersetzen mußte/n, weil sie selber das verweigerten. Das geschah bei jeder Reise ins – vor allem europäische – Ausland, das geschah zu Hause, das geschah in unserer Innenpolitik. Ich schämte mich stellvertretend. Erst in den letzten Jahren kann ich so etwas wie Heimatgefühl zu diesem Land empfinden. Und es dauerte ebensolange, bis ich mich mit meinen Eltern versöhnen konnte. Manche meiner

Freunde können es immer noch nicht. Und ich kann Ihnen versichern, es ist sehr schwer, faschistische Eltern zu lieben.

Vielleicht verstehen Sie auch, wenn ich für mich und meine Generation die heute aufkeimenden Ängste vor den Deutschen nicht gelten lassen mag, ja auch als Ignoranz empfinde. Nichtsdestotrotz sind mir Sicherheitsgarantien selbstverständlich.

Ich fürchte, jede Vereinigung, die anschlußartig wäre, würde ein ungeheures Trauma auslösen, das letztendlich auch eine friedliche Weiterentwicklung gefährden könnte. Das Trauma beträfe nicht nur die Bürger der DDR. Es beträfe auch nicht nur diejenigen, die zwei Staaten wollen. Es träfe auch z. B. diejenigen, die durch ihre überstürzte Ausreise aus der DDR zu dieser beschleunigten Entwicklung beitragen. Ich meine aber auch, es beträfe uns alle, hüben wie drüben. In der BRD wächst die Gewißheit, daß jede Form einer Vereinigung auch uns und unserem Land erhebliche Veränderungen abverlangen würde. Und auch wir haben Werte, z. B. unsere Verfassung, unsere Grundfreiheiten, soziale Rechte und Selbstverständnisse, die wir erhalten wissen wollen.

Solche massiven Veränderungen kämen auch bei einem »Anschluß« auf uns alle zu. Dann aber vermutlich weniger offen, eher verdeckt und damit aber auch destruktiver. Und selbst, wenn es erst zu solch massiven Auseinandersetzungen eine Generation später kommen würde, wie ich sie für die Nachkriegsgeneration oben beschrieben habe.

Alle diejenigen, die an eine quasi wirtschaftsanaloge Firmen-Übernahme bezüglich der DDR glauben, vernachlässigen, daß hier in erster Linie Menschen, Gefühle, Werte und Überzeugungen überrollt werden würden. Und das macht mir Angst.

Ich vermute nicht, daß ich Sie davon erst überzeugen muß. Ich möchte Sie vielmehr darin unterstützen, der DDR eine angemessene Verhandlungsposition zu sichern.

Was können Sie dazu tun? Über das hinaus, was Sie ohnehin schon tun?

Ich wünsche Ihnen einige bundesdeutsche Berater/innen, deren uneigennütziger Grundüberzeugung von Fairneß und Wohlwollen Sie sicher sein könnten. Ich beobachte nämlich immer wieder, daß es wichtig ist, hiesige Politik aus hiesigem Politikgefühl heraus zu verstehen und zu analysieren. (Ich denke dabei aber nicht an Nachrichtendienste, auch nicht an DKP-Mitglieder. Sie sind nicht offen genug.)

Grundsätzlich machen Sie sich vermutlich mobiler und unerpreßbarer, wenn Sie die solidarischen und uneigennützigen oder auf einfachen Austausch gerichteten Verbindungen der unteren und mittleren wirtschaftlichen und politischen Ebenen zwischen BRD und DDR fördern und stärken. Auf diesen Ebenen läuft auch bislang schon viel Gemeinsames.

Grundsätzlich halte ich kleine und mittlere Wirtschaftsunternehmen, z. T. auch die Großunternehmen für flexibler und bereiter, zunächst Vorschuß und Kredit an die DDR zu geben, um sofort etwas den dringendsten Nöten abzuhelfen. Natürlich wollen sie mittelfristig dann auch verdienen.

Möglicherweise füllen sich die Regale in der DDR schneller, wenn Sie in der DDR den kleinen Gewerbetreibenden mehr – z. B. steuerlichen – Spielraum und Anreiz geben. Das hätte sofort vor 3 Monaten passieren können. In der jetzigen Situation hilft es vermutlich auch, etwas anzukündigen, ehe es – schnell – ausgearbeitet ist, weil psychologische Momente im Augenblick dominieren. Mit solchermaßen geweckter Eigeninitiative in der DDR hätten Sie eine viel zuverlässigere Basis für volle Regale, als wenn Sie auf eine BRD-Regierung warten, denke ich. Dies Warten ist vermutlich noch ein altes Relikt aus Planungszeiten, die ja noch nicht solange vorbei sind.

Ich vermute, daß das u. a. auch die Regierung in Bonn dazu verleitet hat, Ihnen zunehmend neue – und auch unverschämte – Bedingungen zu stellen.

Wenn auch die Intrigen und Machtinteressen in der SED sich im Kern kaum von denen in der CDU/CSU und andern hiesigen Parteien unterscheiden mögen, so muß man doch die örtlichen Gestalten kennen, um nicht in sie hineinzulaufen. Deshalb wären Sie mit hiesigen Ratgebern sicher auch gut beraten.

Sie selber, Herr Modrow, erlebe ich in den Medien als offen, direkt und auch zurückhaltend. Manchmal erkennt man die Strategen. Aber zumindest hier scheint das nicht längerfristig zu greifen. Immer scheint hier die Kunst der Darstellung einer Entscheidung – Wahlkampf! – stärkeres Gewicht zu haben als ihre Herstellung. Und Sie scheinen diesem Teil kein besonderes Gewicht beizumessen. Das läßt Sie – leider – leicht ins Hintertreffen geraten, im Gefühl der Menschen, aber diese Gefühle zählen.

Irgendwie sind Sie in eine Situation geraten, in der die Initiative, obwohl von Ihnen und Ihrem Land ausgehend, Ihnen entwunden scheint. Wie können Sie sie zurückgewinnen?

Manchmal denke ich: Sie sollten eine Alternative zur Vereinigung und zum Wirtschaftsverbund haben oder vorzeigen können. Mal gesponnen: Wenn Sie heute dem Herrn Kohl sagen könnten, Sie seien mit den Japanern – die verstehen leider zu wenig von Deutschland – im Gespräch über eine Wirtschaftskooperation, die für Sie interessante Perspektiven enthielte, ich glaube, das Klima würde sich schlagartig zu Ihren Gunsten wandeln.

Wenn Sie sich leisten könnten, z. B. eine Vereinigung mit einem anderen Land ins Auge zu fassen, würde das gleiche passieren. Sie erscheinen den Bonnern zu verfügbar (siehe die gezielt lancierte Bemerkung von der Zahlungsunfähigkeit der DDR dieses Wochenende). Es ist keine Konkurrenz in Sicht! Sie erscheinen sogar offenbar als ausgeliefert.

Allein der Anschein aber nimmt Ihnen jedes Verhandlungsgewicht! Ich meine sogar, Sie hätten den jetzigen Besuch gut lassen können. Heute ändern sich die Zeiten so schnell, daß man eben nach 2 Monaten schon andres für wichtig halten kann ...

Sie hätten ihn auch verschieben können. Sie können ihn immer noch abkürzen wegen Sinnlosigkeit oder Unvereinbarkeit der Positionen. Dazu würde aber eine geschickte Pressemitteilungspolitik gehören.

Sehr geehrter Herr Modrow, ich danke Ihnen, daß Sie mir bis hierher »zugehört« haben. Ich hoffe, es war irgend etwas dabei, das Ihnen nützt. Ich würde mich über selbstbewußte Verhandlungspartner in Bonn und anderswo freuen. Und ganz eigennützig wünsche ich mir eine selbstbewußte DDR, die sich Zeit nimmt für ihre Neugestaltung, weil ich große Lust hätte, daran irgendwie teilzunehmen, Lust hätte, etwas Neues mitschaffen zu können und aus unsern Fehlern hier dabei die Lehren ziehen zu können. Ich hätte auch Lust, selbst Neues hinzuzulernen von Ihnen.

Bitte tun Sie alles dazu, daß wir diese Chance nicht schon wieder verpaßt haben. Wenn ich etwas dazu tun kann, lassen Sie es mich wissen.

Mit freundlichen Grüßen
Karin R.

Berlin, 15.2.90

Sehr geehrter Herr Ministerpräsident,
herzlich willkommen wieder in Berlin!

Schon wieder störe ich Ihren Zeitplan, ich bitte um Verzeihung. Da aber die meisten Briefeschreiber nur schreiben, um sich zu beschweren, dachte ich, es könnte eine kleine Abwechslung sein, wenn jemand schriftlich respektvollst den Hut zieht: Mir gingen in den letzten Tagen einige der jüngsten Verordnungen Ihrer Regierung zu, und ich bin beeindruckt nicht nur vom Arbeitstempo, sondern auch von der pragmatischen Verfahrensweise. Wenn die Durchführungsbestimmungen, an denen, wie ich weiß, mit Hochdruck gearbeitet wird, ähnlich qualitätsvoll sind, haben Sie für die Lösung einiger der anstehenden Probleme (Arbeitsvermittlung, Umschulung, Vorruhestand) sehr gutes Handwerkszeug in Händen. Da kann man gar nicht anders, als ein dickes Kompliment zu machen.

Gleichzeitig bedrückt mich der Ausgang Ihres Bonner Besuches. Es ist (auch für den Nur-Zuschauer) schmerzhaft, hilflos zusehen zu müssen, wie jemand geradezu vorprogrammiert in die Enttäuschung hineinläuft. Und der Schmerz potenziert sich, wenn der Enttäuschte jemand ist, der jeder Hilfe wert und berechtigt ist. Da verflucht man dann Bundeshaushaltsordnung und Haushaltsgesetze, die einer anderen, schnelleren Reaktion im Wege stehen.

So komme ich nun zu meinem Anliegen: Der vielzitierte Solidarbeitrag müßte ja nicht unbedingt vollständig aus Steuergeldern stammen; denkbar wäre z. B. auch der Einsatz privater Mittel in Form von Spenden. Man könnte damit eine Art Reptilienfonds aufbauen, der in der DDR unabhängig von Projekten, Programmen und Haushaltstiteln dort eingesetzt wird, wo es bei der Arbeit knirscht – erfahrungsgemäß knirscht es häufig haarscharf neben Haushaltstiteln.

Ebenso erfahrungsgemäß wollen die meisten Geldgeber für bestimmte Projekte spenden. Aber »Verwaltungsmenschen« wissen, daß freie Mittel lebensnotwendig sind. Ich weiß es auch.

Nun kann ich leider einen Fonds nicht mit Millionenbeträgen ausstatten. Es ist mir aber einmal geglückt, mit läppischen 10 000 DM mehrere Millionen (Ankaufsmittel eines Museums) locker zu machen, weil sich einige Leute bei der Ehre gepackt fühlten. Ich könnte mir vorstellen, daß die Herren Dürr und Reuter, Necker und W. von Amerongen ähnlich reagieren würden, von den Bänkern ganz zu schweigen – oder hatten Sie einen anderen Eindruck gewonnen?

Nun meine Frage: Können Sie, sehr verehrter Herr Ministerpräsident, zu diesem Zwecke 150 000 DM gebrauchen? Wenn ja, lassen Sie es mich bitte wissen (ich hatte nämlich Hemmungen, so einfach auf Verdacht einen Scheck beizufügen). Wenn nein:

Vergessen Sie's bitte. Dann warte ich, bis unsere Steuergesetzgebung so weit ist; das Geld kommt auf alle Fälle der DDR zugute, es ist nur eine Frage des Zeitpunkts.

Da die Frage heraus ist, ist mir schon leichter ums Herz. Jetzt liegt alles bei Ihnen (wieder einmal!). Trotzdem wage ich es, Ihnen ein erholsames – ich korrigiere mich: ein nicht ganz so arbeitsreiches Wochenende – zu wünschen.

Ich bin, in Dankbarkeit, Ihre
Ch. H.

Ministerrat der Berlin, 21. 2. 1990
Deutschen Demokratischen Republik
Der Vorsitzende

Sehr geehrte Frau H.!

Für den schönen Blumenstrauß und Ihren freundlichen Brief, der mich bei meiner Rückkehr aus Warschau am Freitagabend erreichte, möchte ich mich sehr herzlich bedanken.

Ihre einfühlsamen und von viel Verständnis getragenen Worte haben mich tief berührt. Was meinen Besuch in Bonn betrifft, so nehme ich an, daß Sie über die Medien einiges erfahren konnten, was ich dazu vor dem Runden Tisch und in der Volkskammer gesagt habe.

Indem ich Ihre guten Wünsche ebenso erwidere, möchte ich der Hoffnung Ausdruck verleihen, daß so wie Sie viele Menschen mit Herz und Verstand für die glückliche Zukunft in einem vereinigten Deutschland wirken werden.

Mit freundlichen Grüßen
Hans Modrow

Fulda, 16.2.1990

Sehr geehrter Herr Ministerpräsident Modrow,

zu meinem Bedauern stelle ich in den letzten Tagen fest, daß es mit der Partnerschaft und Hilfsbereitschaft unserer Regierung Kohl nicht weit her ist, wenn es um Taten geht. Auch im Zusammenhang mit den intensiven Wahlkampfaktivitäten unserer großen Parteien in der DDR ergibt dies zur Zeit kein gutes Bild von unserem Land.

Ich und meine Frau sowie sicher viele BRDler meinen, daß jetzt Solidarität in Rat und Tat wichtig ist, um eine gesunde Einheit zu errreichen, in die sowohl die BRD als auch die DDR ihren Anteil einbringen an geistigen, kulturellen und materiellen Werten.

Wir möchten Ihr Land nicht einfach vereinnahmen, um dann wieder als deutsche Nation auftreten zu können. Deshalb finden wir auch den Stil der CDU/CSU und unseres Bundeskanzlers zur Zeit nicht gut, da das Herz und die Partnerschaftlichkeit nicht deutlich werden – eher geht es wirklich um ein Geschäft, hat man den Eindruck.

Ich glaube, daß Herr Außenminister Genscher und die SPD eine bessere zweiseitige Politik zur Einheit mit Ihnen machen, als dies im Moment Bundeskanzler Kohl tut.

Ihnen und Ihren Mitarbeitern möchte ich meine Anerkennung für den bisherigen Weg aussprechen und wünsche Ihnen ein akzeptables Wahlergebnis und eine gute politische Zukunft. Es wird ein Gemeinschaftswerk, und daran sollten Sie weiter mitarbeiten. Als einen guten Politiker in diesem Sinne möchte ich noch Björn Engholm aus Schleswig-Holstein nennen.

Ein besonderes Anliegen ist mir und vielen hier der Umweltschutz. Sie haben noch so viele schöne und ursprüngliche Gebiete mit seltenen Vögeln und anderen Tieren und Pflanzen, die niemals von unserer Wirtschaft überrollt werden sollten, auch nicht vom Tourismus und der Freizeitindustrie. Also, **setzen**

Sie sich mit für Naturschutzgebiete ein, dies wird ein wichtiges politisches Kapitel werden.
- Meine Frau und ich sind 30 bzw. 36 und erwarten im Juni das 1. Kind. -
Als symbolische Solidarität ist unser Beitrag gedacht, bitte setzen Sie ihn dort ein, wo er am nötigsten gebraucht wird.

Mit freundlichen Grüßen
P. H.

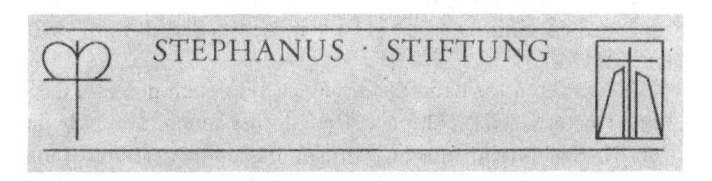

STEPHANUS · STIFTUNG

Der Direktor   Berlin, den 12. 3. 1990
Albertinenstraße 20-23

Ministerrat der
Deutschen Demokratischen Republik
Vorsitzender des Ministerrates
Herrn Ministerpräsident Hans Modrow

Klosterstraße 47
Berlin
1020

Sehr geehrter Herr Ministerpräsident!
Wir haben mit Dank Ihren Gruß vom 27. Februar 1990 mit der darin übergebenen Spende für unsere Arbeit erhalten. Wir haben wohl verstanden, daß dies ein Zeichen auf dem Wege der zukünftigen Gemeinsamkeit zwischen der DDR und der BRD sein darf.

Wir haben in unserem Gelände in Weißensee ein Zimmer, das der zeitweiligen Unterkunft von körperbehinderten (Rollstuhlfahrer) Gästen dienen soll. Die behindertengerechte Ausstattung ist im Gange. Wir werden die beigelegten Mittel für diesen Zweck verwenden.

Mit einem herzlichen Dank aus unserer Arbeit und freundlichen Grüßen

Pastor Braune

Stephanus-Stiftung　　　　　　　　　　　　　　Berlin, 13.3.1990
Der Direktor

Sehr geehrter Herr Dr. H.!

Wir haben durch unseren Ministerpräsidenten, Herrn Hans Modrow, einen Gruß erhalten, in dem eine Spende von 300,– DM beigelegt war. Wir wurden unterrichtet, daß Sie diese Spende als Zeichen der Hilfe für gesunde Einheit zwischen der Bundesrepublik und der DDR gegeben haben. Als Empfänger möchten wir Ihnen herzlich dafür danken. Wir haben die Absicht, dieses Geld zu nutzen, um eine Behindertenwohnung rollstuhlgerecht herzurichten. Dafür werden wir diese Mittel mit verwenden.

Aus der Stephanus-Stiftung grüße ich Sie in freundlicher Verbundenheit,

Ihr sehr ergebener
Pastor Braune

Köln, 6.3.90

Sehr geehrter Herr Ministerpräsident Modrow,
 zunächst einmal darf ich Ihnen meinen Respekt hinsichtlich Ihrer Leistungen in bezug auf die schwierige Übergangsphase Ihres Landes aussprechen. Ich halte es, bei aller Kritik, die sicherlich angebracht war und ist, und ohne zum Bewunderer Ihres Systems zu werden, für eine politische Meisterleistung und einen guten Beweis echter preußischer Tugenden, wie Sie und Ihre Mitarbeiter – gegen alle Anfeindungen –, loyal zum Staat und in Verantwortung vor dem Volk, die DDR regierungsfähig gehalten haben.

Mit Empörung und Abscheu nehme ich seit einiger Zeit – insbesondere anläßlich Ihres Besuches in Bonn – das naßforsche Auftreten des Kanzlers und die abwertende, ja beleidigende Behandlung Ihrer Person und Ihrer Minister durch Dr. Kohl und dessen Regierungsapparat zur Kenntnis.

So, meine ich, behandelt man nicht einmal politische »Feinde«. Hier offenbart sich in Reden und Handeln ein Feudalherren-Stil – der unserem Kanzler im Umgang mit der DDR offensichtlich angemessen erscheint –, bei dem das Gegenüber bewußt und öffentlich gedemütigt werden soll.

Den Ministerpräsidenten der DDR so zu behandeln, für dessen Land, Landsleute und deren Probleme fast stündlich in zum Teil peinlicher Weise Interesse, Hilfswille und, und ... geheuchelt wird, das ist für mich ungeheuerlich und eine Beleidigung für unsere Landsleute hüben und drüben.

Die Verachtung und Überheblichkeit, die Herr Dr. Kohl Ihnen gegenüber an den Tag legte und noch legt, der großspurige Ton usw. schlagen auf ihn zurück, beweisen die seit langem von vielen Bürgern empfundene mangelnde Eignung dieses Mannes für sein Amt und seine Aufgaben. Ich schäme mich mit vielen Freunden und Bekannten für diese Mißgriffe; wir müssen leider mit diesen »Herrenmenschen-Allüren« leben.

Ich hoffe, daß es Ihnen – auch in der Opposition –, Ihrem

Nachfolger, den politischen Parteien und den Bürgern Ihres Landes gelingt, mit ehrlicher solidarischer und weitgehend uneigennütziger Hilfe und Unterstützung aus der BRD die Probleme vorrangig zum Nutzen der Bürger der DDR möglichst bald zu lösen und dabei die Identität der Menschen und die Eigenständigkeit des Landes weitestgehend zu erhalten – bis es dann zu einer Vereinigung gleichberechtigter Partner kommen kann.

Es steht uns nicht an, großspurig und ultimativ auf Unterwerfung und Übernahme unserer »Werte« zu dringen (die auch bei näherer Betrachtung nicht pures Gold sind, wie Ihnen und uns es heute die BRD-Politbonzen und Wirtschaftsgrößen so gerne weismachen wollen), ehe man dann sich bereit erklärt zu helfen. Das ist Kolonialstil!

Sie alle haben auch 40 Jahre hart gearbeitet, unter zum Teil wesentlich ungünstigeren Bedingungen und Belastungen, und haben einen Staat aufgebaut – sicher mit erheblichen Mängeln –, der für seine Menschen aber auch Erfolge und positive Ergebnisse zeitigte, wie ich von meinen vielen Verwandten in Waren/Müritz weiß.

Und diese Menschen haben heute schlicht Angst vor unseren Politikern, der Entwicklung, wie diese sie »an die Wand« schreiben; erst vor wenigen Tagen konnten wir dies aus erster Hand erfahren. Und dies hat uns, offen gesagt, mehr als erschreckt: Menschen, die noch vor wenigen Monaten die BRD, das Leben dort etc. bewunderten und als »das erstrebenswerte System« empfanden, haben nun, wenige Wochen später, Angst vor eben diesem System, seinen Repräsentanten usw. Hier haben wir schlimme Fehler begangen, die leider zum Teil im nationalen Rausch untergingen, aber langsam – wenn der Kater weicht – dem Einzelnen bewußt werden.

Und wir alle in der BRD können von Ihrem Land auch einiges lernen, einige soziale Errungenschaften auf unser System übertragen. Es gibt eben nicht nur schwarz–weiß, wie man es uns zur Zeit einreden will. Wir können vor allem von unseren Landsleuten lernen, wieder etwas mehr Zivilcourage gegenüber der Obrigkeit zu beweisen und uns auf friedlichem Wege wieder einige Rechte zurückzuholen, die wir alle uns aus Trägheit und Feigheit von oben haben nehmen lassen; wir können auch lernen, wieder mehr Solidarität untereinander zu üben, andere bei deren Bemühen um Recht und Anerkennung zu unterstützen und nicht uns Minderheitenprobleme als »belanglos« einreden zu lassen und obrigkeitshörig und sogenannt staats- und verfassungstreu den Worten »derer da oben« zu glauben. Das werden die Landsleute in der DDR sicher noch bitter erfahren, wenn sie denn demnächst unsere Freiheiten genießen dürfen – dann ist Protest gegen die gleichen Mißstände hier eben nicht mehr berechtigt, dann ist es Auflehnung, Pöbelei, Verantwortungslosigkeit bis hin zum Terror.

Letztlich, und auch das sei hier gesagt, schäme ich mich, daß unser Kanzler es nicht über sich bringt, sich, schlicht gesagt, mit dummen Ausflüchten davor drückt, die Westgrenze Polens als endgültig anzuerkennen. Hier spielen wahltaktische Gründe, Rücksichtnahme auf den rechtsradikalen Flügel und die Betonköpfe in der CDU/CSU sicher eine Rolle. Dennoch ist dieses Handeln unpolitisch und unverantwortlich, auch wenn der Kanzler sich in Richtung Friedensvertrag windet. Es glaubt ihm sowieso keiner, und der Schaden im Ausland, besonders im Osten ist ungeheuer. Und letztlich leidet darunter auch die innerdeutsche Politik. Aber was interessiert das den Einheitskanzler?

Für die nächsten schweren Wochen wünsche ich Ihnen und unseren Landsleuten viel Glück und Erfolg.

Mit freundlichen Grüßen
Jürgen Ulrich

Herborn-Schönbach, 8.3.90

Sehr geehrter Herr Ministerpräsident Modrow!
Am 18. März sind Volkskammerwahlen, und wer die Regierung bilden wird, steht noch in den Sternen. Bevor Sie jedoch aus Ihrem Amt ausscheiden, das Sie mit Umsicht und Tatkraft ausgeübt haben, möchte ich Ihnen als Bürger der BRD ein herzliches Dankeschön sagen.

Ich habe Ihre Reden vor der Volkskammer, am Runden Tisch, in Dresden und bei der Öffnung des Brandenburger Tores gehört und auch gelesen. Sie haben ein schlimmes Erbe übernommen und zögerten nicht, die Kommandobrücke eines leck geschlagenen Schiffes zu übernehmen. Dafür gebührt Ihnen Anerkennung und Respekt.

Ich freue mich über die offene Grenze. Endlich können die Menschen wieder ohne Angst und Zwangsumtausch zueinander. Für mich persönlich bedeutet dies, daß ich ohne »Bammel« mit meiner Frau nach Halle an der Saale fahren kann. Es ist schändlich, denn in 38 Ehejahren war ich nur dreimal dort. Nach den Jahren der Aufbauarbeit als Kriegsgefangener in Welikij-Luki und einem gesundheitlichen Dauerschaden habe ich die innerdeutsche Grenze gemieden. Mit meiner vierköpfigen Familie hätte ich pro Tag DM 100,– (zwangs-)umtauschen müssen. Diesen Luxus konnte ich mir als Arbeiter nicht leisten. So fuhr meine Frau alleine 26mal in ihre alte Heimat.

Kriegsgefangenschaft, das ist in der Passion des Krieges die letzte Station, die ein Mensch durchstehen muß. Trotzdem möchte ich auf die Erfahrungen mit einfachen russischen Menschen nicht verzichten. Wir verstanden uns gut auf den Baustellen und Kolchosen und fanden manche »Blume im Schnee« von echter Menschlichkeit. Ich liebe diese Menschen und freue mich, daß Michail Gorbatschow sein großes Land in eine Freiheit und Zukunftshoffnung führt, die es noch nie hatte. Auch wir als Deutsche und ganz Südosteuropa merken etwas davon.

Geschämt habe ich mich, wie unser Bundeskanzler Kohl Sie

bei Ihrem Besuch in Bonn behandelt hat. Der Händedruck, der keiner war, beim Eingang ins Bundeskanzleramt war eine Schande. Das Vertrauen, das umsichtige und fähige Politiker in 40 Jahren mühsam in der Welt erwarben, setzt dieser »Elefant im Porzellanladen« leichtfertig auf's Spiel. Doch die Wähler der BRD werden ihm am 2. Dezember 1990 dafür die Quittung geben, die er verdient. Seit 1957 ist meine politische Heimat die SPD, und wir haben die Ostpolitik von Willy Brandt und Helmut Schmidt hier bei uns mit eindeutigen, nachweisbaren Mehrheiten unterstützt. Ich traure Helmut Schmidt heute noch nach.

Sie, lieber Herr Modrow, haben sich auch hier bei uns Achtung und Wertschätzung erworben. Ich wünsche es Ihnen, daß Sie auch in Zukunft noch in unserem gemeinsamen deutschen Vaterland tätig sein können. Mit Dankbarkeit, Zuneigung, Vertrauen und vielen Grüßen verbleibe ich

Ihr P. Kl.

Ammersbek, 13.3.1990

Sehr verehrter Herr Ministerpräsident Doktor Modrow,

angesichts der gegen Sie entfesselten Verleumdungs- und Gehässigkeitskampagne drängt es mich als Lehrer eines Hamburger Wirtschaftsgymnasiums, an dem ich u. a. im Fach Politik unterrichte, Ihnen auch im Namen meiner Freunde unsere Hochachtung und Wertschätzung auszusprechen für den Riesenberg an mühevoller Arbeit, den Sie im Sinne einer Friedensregelung als Regierungschef in so kurzer Zeit ohne Rücksicht auf sich selbst für Ihr Land und für ganz Deutschland bewältigt haben.

Wir danken Ihnen ganz besonders dafür, daß Sie diese sorgenvollen und aufreibenden Monate nicht nur mit bewundernswerter Hingabe, sondern auch mit beispielhaftem Rückgrat eines wahren **Staatsmannes** durchstanden haben, d. h. als Ausnahmeerscheinung für ganz Deutschland, dem es an Politikern fürwahr nicht mangelt (das ist eben der bekannte Unterschied zwischen einem Staatsmann und einem Politiker: Der Staatsmann denkt an die nächste Generation, der Politiker an die nächste Wahl).

Deshalb schmerzt uns umsomehr die Erinnerung an die Überheblichkeit, Schulmeisterei, Nichtachtung des Gastrechts und der Partnergleichheit, denen Sie und Ihre Regierungsdelegation von seiten unserer westdeutschen Regierung samt deren Anhang ausgesetzt waren.

Ebenso beschämend empfinden wir das nach Okkupanten-Art erfolgte, jedes frühere Versprechen der Nichteinmischung mißachtende Auftreten westdeutscher Politiker im Wahlkampf der DDR. Ich schäme mich für mein Land, miterleben zu müssen, wie die Repräsentanten einer »kultivierten Demokratie« sich nicht scheuen, mit demagogischem Habitus und reißerischen Parolen das Volk in einem anderen Staat fast zu einem blind gegen die noch anerkannte Regierung applaudierenden Pöbel zu degradieren.

Als SPD-Mitglied gehöre ich zu der Minderheit, die es bedauert, daß die DDR-SPD den alten Ebert-Schumacher-Fehler wiederholt, nämlich in blindem Antikommunismus sich lieber mit den Konservativen zu verbünden als eine sachliche Kooperation mit den Sozialisten, d. h. hier mit der PDS zu erwägen. Der Pluralismushorizont findet auch hier schnell eine Grenze, wenn eine wirkliche Alternative »droht«.

Abschließend möchte ich, sehr verehrter Herr Ministerpräsident, der Versicherung, daß Sie hier als staatsmännisches Vorbild in bester Erinnerung bleiben werden, hinzufügen unsere besten Wünsche für Ihr und Ihrer Familie Wohlergehen.

Ihr Jürgen Scho

Eisenhüttenstadt, 15.3.90

Lieber Hans!
Die letzte Kabinettssitzung Deiner Übergangsregierung, einer Regierung der Nationalen Verantwortung, ist vorüber.

Zu Deinem Amtsantritt wünschte ich Dir viel Kraft. Und Kraft, Mut und hohe Verantwortung hast Du gezeigt. Du hast, für alle sichtbar und überprüfbar, mit jedem Regierungstag Schuld abgetragen, die unsere Partei unserem Volk gegenüber hat. Das war beeindruckend – auch für Deine Gegner! Wir hier in unserem Wohnumfeld haben alle Äußerungen Deinerseits aufmerksam, kritisch und bangend verfolgt.

Beim Pressegespräch in Bonn war es auffallend: Du warst der moralisch Stärkere dem Bundeskanzler gegenüber. Du hattest die besseren, weil menschlicheren Argumente. Und Dein Entschluß, für die PDS zu kandidieren, hat nicht nur die Delegierten im Saal bewegt. Auch vor den Bildschirmen – na ja.

Für all das möchte ich Dir danken. Ich weiß mich in diesem Dank mit vielen anderen Menschen einig.

Noch etwas berührte mich beim Anhören der Sitzungen der Volkskammer – und auch der am Runden Tisch – immer wieder: Was haben wir in unserem Lande für viele kluge junge Menschen! Wieviel Ideen, wieviel Engagement wurde sichtbar, hörbar! Welch ein Potential, das während unserer »entwickelten sozialistischen Gesellschaft« brach lag, nicht gefordert, ja nicht erwünscht war.

Möge diese streitbare Generation nicht so bald zur Ruhe kommen, nie wieder soll ihnen der Mund verboten werden, nie wieder! Mögen sie zum Stachel – im progressiven Sinne – in einem einigen Deutschland werden, damit es ein besseres, gutes Land wird, das wir lieben – vor dem die Völker nicht erbleichen.

Herzlich grüßt Dich
H. B.

Kassel, 16.3.90

Sehr geehrter Herr Ministerpräsident Dr. Modrow!

Lassen Sie mich Ihnen, Herr Ministerpräsident, noch vor der Wahl am 18. März meine Achtung und Anerkennung für Ihre Amtsführung in den letzten Monaten aussprechen. Sie haben Ihr Amt übernommen, als die Hoffnung der meisten Bürger der DDR, als sich Ihr Land in schwerer Krise befand. Sie haben dann in unbeirrbarer Sachlichkeit und Besonnenheit Ihr Amt für Ihr Land ausgeführt, obwohl Sie vielen Anfeindungen ausgesetzt waren. Meine Frau und ich haben uns oft gefragt, woher Sie die Kraft dafür genommen haben. Die körperliche Beanspruchung war oft in Ihrem Gesicht zu lesen.

Auch möchte ich mich als Bürger der Bundesrepublik bei Ihnen für die beschämende Behandlung entschuldigen, die Ihnen und Ihren Ministern bei Ihrem Arbeitsbesuch in Bonn im letzten Monat zuteil wurde. Was bedeutet da das Wort »christlich« im Parteinamen?

Zu meiner Person: Ich bin praktizierender Katholik und tätiger Organist, 67 Jahre alt. Ich habe als Pädagoge nach den schrecklichen Ereignissen der Nazizeit und des Krieges in meiner Lehrtätigkeit immer versucht, den Jugendlichen die Achtung vor der Würde des Menschen und den Kampf für den Frieden nahe zu legen.

Ich wünsche Ihnen für Ihr späteres Leben alles Gute und hoffentlich ruhigere Tage!

Hochachtungsvoll
H. K.

Frankfurt, 20.3.1990

Sehr geehrter Hans Modrow,
ich habe Ihren Mut, Ihre Kraft und Ihre Energie bewundert, einen eigenen Standpunkt gegen die Wort- und Kapitalgewalt der bundesdeutschen Politiker, besonders des Bundeskanzlers zu vertreten. Und ich wünsche Ihnen weiterhin soviel Kraft, den Ausverkauf der DDR zu verhindern, die Leistungen und Forderungen von Frauen und Männern in der DDR zu wahren und in die Gespräche über Währungsunion, »Vereinigung« (wenn's denn nun sein muß) einzubringen. Es wäre schön, wenn Sie mitarbeiten würden an einer Veränderung der bisherigen politischen (Un-)Kultur. Ich bin der Ansicht, daß es dafür jedoch sehr wichtig ist, daß Frauen entsprechend ihrem gesellschaftlichen Anteil daran mitwirken. Da in der DDR viele neue Wege beschritten werden, haben Sie auch größere Chancen, die Interessen aller Mitglieder der Gesellschaft auch in den Diskussions- und Forderungsprozeß mit den Westdeutschen einzubringen.
Wie sagt man/frau so schön, Sie sind für viele in der BRD ein Hoffnungsträger, auch wenn sich dies in Wahlergebnissen nicht immer widerspiegelt. Sie geben uns Mut, an der Veränderung unserer Gesellschaft weiterzuarbeiten.

Mit herzlichen Grüßen
Hildegard Schürings

Bielefeld, 23.3.1990

Sehr geehrter Herr Modrow!

Seitdem es uns möglich ist, über Kabelfernsehen auch das DDR-Programm zu empfangen, nutze ich diese Gelegenheit regelmäßig, um Nachrichtensendungen, Übertragungen von Sitzungen der Volkskammer und vom Runden Tisch zu verfolgen, so auch das gestern ausgestrahlte Interview mit Ihnen von Günter Gaus.

Es drängt mich, Ihnen zu sagen, mit welcher Hochachtung auch hier im Westen viele Menschen Ihr Bemühen verfolgt haben, aus den Ihnen hinterlassenen Trümmern in der kurzen Zeit etwas Neues aufzubauen, Perspektiven zu entwickeln und damit den Bürgern Ihres Landes wieder Lebensmut und -freude zu geben. Ich bin ein wenig traurig darüber, daß die mutigen und tapferen Vorkämpfer für die Demokratie bei den Wahlen am Sonntag dem schnöden Mammon in Form einer schnellen D-Mark unterlagen – menschlich durchaus verständlich nach 40 Jahren Entbehrung! Schade, daß Ihre erfolgreiche Arbeit als ehrlicher und integrer Koordinator vielfältiger politischer Meinungen an der Spitze der DDR jetzt endet, da Sie einer Partei angehören, der trotz aller Erneuerungsbestrebungen immer noch der Ruch der Vergangenheit so stark anhaftet, daß niemand zur Zeit parlamentarisch mit ihr zusammengehen will. Dabei sollten die letzten drei Monate doch das Gegenteil bewiesen haben.

Ich schäme mich für die arrogante und gönnerhafte Behandlung, die Ihnen und Ihrer Delegation in Bonn seitens führender CDU-Politiker widerfuhr, und versichere Ihnen, daß dies nicht die Haltung der bundesdeutschen Bürger widerspiegelt. Mein Mann ist gebürtiger Mecklenburger und hat die Verbindung zur Heimat und den Menschen dort nie abreißen lassen. Wir wissen also sehr genau, wie schwer es ihnen immer wurde, als »arme Verwandte« uns gelegentlich um die Besorgung bestimmter Dinge zu bitten.

Meine Zeilen sollen stellvertretend für die Meinung vieler stehen, die ich aus zahlreichen Gesprächen kenne.

Für Ihre persönliche und politische Zukunft wünsche ich Ihnen Kraft und Gesundheit. Bewahren Sie sich weiterhin jene menschliche Wärme und Toleranz, die in der Politik so selten ist und die Sie so liebenswert macht.

Mit herzlichem Gruß
I. T.

Darmstadt, 27.3.1990

Sehr geehrter Herr Modrow!

Seit Sie mit einer Delegation aus der DDR Gespräche mit unserer Regierung in Bonn geführt haben, drängt es mich, Ihnen zu schreiben. Leider bin ich persönlich so in Anspruch genommen, daß ich es immer wieder verschieben mußte.

Nun will ich mein Vorhaben aber nachholen:

Ich möchte mich als Bürger der Bundesrepublik Deutschland für die arrogante und schäbige Art und Weise entschuldigen, mit der Sie in Bonn von unserem Bundeskanzler behandelt – man kann schon sagen, abgefertigt – wurden!

Herr Kohl hat jedenfalls nicht im Sinne vieler Bundesbürger gehandelt.

Um so mehr muß ich anerkennen, daß Sie sich der schwierigen Aufgabe gestellt haben, als Ministerpräsident einer Interimsregierung den Übergang zu einem wirklich demokratischen System einzuleiten. Seien Sie sicher, daß Sie auch hier – unabhängig von Ihrer Parteizugehörigkeit – als Mensch viele Sympathien gewonnen haben. In den letzten Tagen hat besonders Ihr im Fernsehen gesendetes Gespräch mit Günter Gaus dazu beigetragen.

Wenn mir auch die PDS immer noch suspect erscheint (ich

bekenne mich zur SPD), so wünsche ich Ihnen doch, daß Sie Ihre Partei von allem ideologischen Ballast befreien und zu einem demokratischen Partner umformen können.

In der für die DDR zu erwartenden Situation hat nämlich die Opposition die wichtige Aufgabe, dafür zu sorgen, daß in der sozialen Marktwirtschaft das Soziale schlicht und einfach nicht vergessen wird.

Leider läßt sich der sogenannte »Mann von der Straße« immer noch durch Statur, Arroganz und Versprechungen mehr beeinflussen als durch ehrliches realitätsbezogenes Auftreten.

Für Ihren politischen und persönlichen Lebensweg begleiten Sie meine guten Wünsche!

Es grüßt Sie herzlich Ihr Landsmann

Werner Groth
aus Stettin.

Wuppertal, 22. 4. 90

Sehr geehrter Herr Modrow!

Sie werden wohl erstaunt sein, wenn Sie diesen Brief erhalten, aber als Bundesbürger habe ich einmal das Bedürfnis, nachdem ich Sie in der Vergangenheit oft im Fernsehen gesehen habe, Ihnen zu schreiben. Am meisten hat mich beeindruckt, wie Sie im Kanzleramt als Ministerpräsident für die Belange Ihres Volkes, die DDR gekämpft haben. Es war schon ein »starkes Stück«, wie sich die Bundesregierung Ihrem Volk gegenüber benommen hat. Sie können mir glauben, wie ich mich darüber geärgert habe. Trotzdem habe ich großen Respekt dafür, wie Sie und Ihre Delegation (Runder Tisch) diese Vorstellung gemeistert haben. Aber ich denke, Sie werden auch Ihren Auftrag in einer guten Opposition wahrnehmen und dafür sorgen, daß nicht der Ausverkauf der DDR vorprogrammiert ist. Daß die

Währungs- und Sozialabsicherung 1:1 geregelt werden muß, liegt sicher auch in Ihrem Oppositionsauftrag.

Ich möchte nun auch nicht Ihre Arbeitszeit durch Briefelesen behindern, aber ich bin froh darüber, das einmal an Sie geschrieben zu haben.

Mit freundlichen Grüßen
W. D.

P. S. Vielleicht können Sie mir mal ein Autogramm zukommen lassen. Danke.

Leipzig, 1. 5. 1990

Verehrter Herr Modrow!

Gestern, am 30. 4. 90, hat das 2. Programm des Deutschen Fernsehfunks gegen 22 Uhr eine Reportage (Das Millionending – oder so ähnlich) über die Arbeiten zum Reparationsausgleich des westdeutschen Ökonomen und Historikers Prof. Arno Peters ausgestrahlt. Fast durch Zufall erfuhr ich von diesem zusätzlich in das Programm aufgenommenen Vorhaben.

Diese Sendung hat mich sehr beeindruckt. Einmal der unheimliche Aufwand, der damit verbunden war, und zum anderen der große Einsatz, mit dem Prof. Peters diese für unser Volk und Land so wichtigen Unterlagen zusammengetragen hat.

Wir sahen auch, daß Ihnen, verehrter Herr Modrow, diese Unterlagen bei Ihrem Besuch in Bonn übergeben wurden. Verständlicherweise war die Ihnen noch verbliebene Regierungszeit zu kurz, um Maßnahmen und Forderungen aus diesen Unterlagen abzuleiten und einzuleiten – Sie haben ohnehin Immenses geleistet –, und es berührt mich und viele andere besonders schmerzlich, daß man jetzt daran geht, alle von Ihnen für die Menschen hier geregelten Dinge wieder rückgängig zu machen.

Ich bin zwar nur ein einfacher Mensch, eine parteilose Rentnerin in Leipzig, aber wenn ich jemandem ein Geschenk mache, dann möchte ich dem anderen damit eine Freude machen und würde niemals Forderungen daraus ableiten.

Sicher wurden große Summen an Überbrückung, Entschädigungen und auch Begrüßungsgelder sowie Renten an Bürger aus der DDR gezahlt, jedoch wurde dies nicht auf Grund einer Forderung der DDR getan, sondern weil die Bürger in der BRD sich diese Verpflichtung in ihr Grundgesetz eingeschrieben hatten. So kann man es auch nicht von unserem Staat und seinen Bürgern zurückfordern.

Daß die Arbeit von Prof. Peters von der BRD-Regierung nicht anerkannt wird, ist aus allen sonstigen Erlebnissen ja nicht verwunderlich. Man hat von dort die DDR nie anerkannt, schon von Anfang an sich als einzige legitime Nachfolgerin von Deutschland bezeichnet – aber die Schulden für den (auch von den Deutschen in der heutigen BRD mitverlorenen Krieg) hat man zum allergrößten Teil den Menschen in der DDR überlassen! Da kann man als Land natürlich großartig (mit amerikanischer Hilfe und Marshall-Plan) dastehen und nun den armen Bruder zwingen, noch ärmer zu werden!

Wie ich hörte, soll im Juni in Leipzig eine Konferenz der ökonomischen und historischen Wissenschaftler zu diesem Problem stattfinden, vielleicht ist es noch nicht zu spät, alles in die internationale Öffentlichkeit zu bringen, was uns als neues Unrecht schon wieder zugefügt werden soll.

Vielleicht ist es Ihnen – trotz Ihres schweren Standes in der Volksvertretung – doch möglich, die Ihnen in Bonn übergebenen Unterlagen ins Gespräch zu bringen.

Uns als »nunmehr freien und mündigen« Bürgern wird ohnehin nur der festunterschriebene Vertrag als vollendete Tatsache zur Kenntnisnahme vorgelegt!

Ich bitte Sie um Entschuldigung, daß ich Sie mit meinen Sorgen und Nöten beschwert habe, aber gerade als älterer Mensch hat man kaum Hoffnung auf die Zukunft und bangt außerdem um Arbeitsplätze der Kinder und Enkel.

Ich wünsche Ihnen sehr viel Kraft für Ihre so schwere Arbeit und danke Ihnen für alles, was Sie für uns tun und schon getan haben.

Mit freundlichen Grüßen
Heimtraud Seidlein

T. 27. 7. 90

Sehr geehrter Herr Modrow!

Schon längst wollte ich Ihnen einmal schreiben, um Ihnen meinen Dank auszudrücken. Meinen Dank dafür, was Sie für Ihre DDR geleistet haben, und vor allem dafür, daß Sie sich in einer solch schwierigen Zeit nicht vor der Verantwortung gedrückt und als vorübergehender Ministerpräsident eine undankbare und schier unlösbare Aufgabe übernommen hatten.

Endgültiger Anlaß meines Schreibens ist ein Beitrag in dem Magazin Nr. 30 der Süddeutschen Zeitung über Sie.

Sie haben an den Sozialismus geglaubt, und mit Ihnen glauben auch heute noch viele daran, obwohl es in den Medien zum guten Ton gehört, alles Sozialistische zu verteufeln. Aber dies gehört bei den meisten westdeutschen Medien zum guten Ton. Eines wird aber immer wieder vergessen:

Was wäre der kleine Mann ohne die Errungenschaften, die ihm der Sozialismus gebracht hat. Aber es gehört auch zum guten Ton, dies zu verschweigen und so zu tun, als ob der Sozialismus vollständig versagt hätte. Nicht die Idee hat versagt, sondern die Menschen in ihrem Egoismus.

Und ich muß Herrn Gysi zustimmen (obzwar kein Sympathisant seiner Partei), wenn er etwa sagt: Es muß doch noch möglich sein, an Gerechtigkeit und Gleichheit zu glauben, weil sonst das Leben nicht mehr lebenswert wäre.

Vielleicht interessiert Sie, was ich letzten Dezember Wirtschaftsminister Haussmann geschrieben habe (auf diese Weise erspare ich mir weitere Belobigungen):

»Mit Empörung habe ich Ihre Auslassungen anläßlich der Eröffnung der Konsumgütermesse in Frankfurt über die Regierungsdelegation der DDR gelesen. Diese Äußerungen lassen Taktgefühl und politisches Gespür vermissen, denn es ist wohl nicht üblich, sich derart flapsig über einen Verhandlungspartner öffentlich zu äußern.

Außerdem: Wofür sollte Ihnen die Modrow-Delegation dankbar sein?

Sollten sie den westdeutschen Partnern die Füße küssen, weil sie mit leeren Händen wieder abreisen mußten? (Mancher westdeutsche Minister scheint der Annahme zu sein, daß Herr Modrow die begehrten 15 Mrd. DM für den Ankauf von Bananen und Videorecordern nutzt und dann damit abhaut).

Und was die marktwirtschaftliche Unkenntnis anlangt, so frage ich mich, wie es mit Ihren derartigen Kenntnissen steht, wenn Sie gegen das Veto des Kartellamtes und gegen das Urteil namhafter Sachverständiger die Fusion von Daimler und MBB genehmigt haben.

Während ich Herrn Modrow abnehme, daß er das Wohl seiner Restbevölkerung im Auge hat, vermag ich das bei manch westdeutschem Politiker nicht zu erkennen; ich sehe sie da häufig nur Parteiinteressen vertreten.«

Soweit mein Brief an Herrn Haussmann, der leider ohne Antwort blieb.

Ihnen wünsche ich weiterhin alles Gute und die Kraft für die weitere Teilnahme in der Politik.

Mit freundlichen Grüßen
F. S.

IV. Wenn sich Optimisten auf den Weg machen, vielleicht haben sie eine Chance

Der schärfste Gegner von Modrow ist Modrow.

Wie ein Mensch, der alles, was er tut oder gerade getan hat, sofort wieder anzweifelt, 1. Bezirkssekretär werden konnte, wird ein Rätsel der SED-Parteigeschichte bleiben. Sollte sich keiner finden, der es löst, sogar ein ewiges.

Übersteigertes Selbstbewußtsein und arrogantes Machtgehabe, die Fähigkeit, öffentlich Wasser zu predigen und in den Parteiheimen Wein zu trinken – unter Ausschluß der Öffentlichkeit selbstverständlich –, waren Voraussetzung für eine Karriere in der obersten Parteihierarchie.

Modrow muß in diesen Kreisen wie ein Verkehrsunfall der SED-Kaderpolitik auf höchster Ebene gewirkt haben. Honekker ließ ihn das mehr als einmal spüren.

Und trotzdem: Nach seinem kurzen Gastspiel im Politbüro und besonders nach dem 89er Dezemberparteitag quält ihn die Frage – das Wort quälen ist nicht übertrieben –, ob er als langjähriger SED-Funktionär dem Erneuerungsbild der PDS mehr schadet denn nutzt. Er, der bei der Beurteilung von Menschen sehr großzügige und verständnisvolle Maßstäbe anlegt, ist mit sich selbst bis zur Grenze des Ertragbaren streng.

Lange kämpfte er mit sich, bis er bereit war, die Nominierung als Spitzenkandidat für die Volkskammerwahl am 18. März anzunehmen. Er sagte den Delegierten des PDS-Wahlparteitages Ende Februar: »Was die Vergangenheit betrifft – ich muß es hier offen und ehrlich sagen: Ich bin seit

1958 ununterbrochen im Zentralkomitee der SED gewesen. Ich habe rund eineinhalb Jahrzehnte als 1. Sekretär der Bezirksleitung Dresden gearbeitet. Bei allem, was ich 1989, vielleicht auch davor, für eine Politik der Wende zu tun versucht habe – heute weiß ich sehr genau: es hat nicht ausgereicht. Damit muß ich leben, und ich werde die PDS nicht belasten und in ihr auch meine politische Heimat in neuer Weise finden.

Die Partei stellt nun die Forderung nach einer Kandidatur für ein Mandat in eine neue, demokratisch gewählte Volkskammer. Junge Genossen sind mit Tausenden Unterschriften gestern damit zu mir gekommen, und Hunderte Briefe und Telegramme haben mich dazu erreicht.

Auf meine Frage: Ist es um diese Partei so bestellt, daß sie keine neuen, jungen, nicht mit der Vergangenheit belasteten Mitglieder hat, muß sie noch einmal auf einen Mann setzen, der sich in schwerer Stunde für unser Land zur Verfügung gestellt hat, für unser Land und nicht nur, überhaupt nicht für die damalige SED – auf diese Frage wird mir geantwortet: Ja, Junge wachsen heran, aber auf einen Mann deiner Generation wollen wir nicht verzichten!«

Modrow glaubte, es wäre nicht mit seinem Regierungsprogramm vom November 1989 zu vereinbaren, würde er den Respekt und das Ansehen, das er als Ministerpräsident gewonnen hatte, nun in die Waagschale seiner Kandidatur für die PDS legen.

Und so kam es im Wahlkampf zu einem kuriosen Bild:

Während beispielsweise der andere deutsche Regierungschef mit Brachialgewalt seine Ämter und Würden – und nicht zuletzt die technischen und finanziellen Möglichkeiten, die sich daraus ergaben – kompromißlos als Argumente in den DDR-Wahlkampf einführte, ließ es Modrow bei einer einzigen Wahlveranstaltung bewenden. Er ging dazu nach Neubrandenburg, in seinen Heimatwahlkreis. Dabei blieb es.

Zwei Seelen wohnen in Modrows Brust: Die eine möchte,

er möge sich die Ruhe nehmen, um besonders auf die Zeit seit Oktober 1989 zu schauen, und seine Gedanken und Erlebnisse aufschreiben — nicht zuletzt auch als Kompaß und Lebenshilfe für die, die sich so schwer in der Gegenwart zurechtfinden können.

Im Grunde ist jeder Brief an ihn der Versuch eines Gesprächs mit ihm, und nicht wenige Bitten um einen Rat sind dabei.

Die andere Seele allerdings kann nicht nein sagen, wenn jemand kommt und bittet: Wir brauchen dich für die Tagespolitik. Jetzt, wo er an kein Staatsamt gebunden ist, ist er schnell dazu zu überreden. Aber eben auf Kosten dessen, was man genauso dringend von ihm erwartet.

Dieses Buch wurde Mitte September zusammengestellt. Die Herausgeber hatten mehrere Gespräche mit Modrow und konnten beobachten, wie er zum zweiten Mal in diesem Jahr vor der Frage stand, für die PDS zu kandidieren. Diesmal für den Bundestag. Noch hatte er sich nicht entschieden.

Ganz gewiß würde die Farbe »Modrow« dem Bundesparlament gut stehen. Aber inzwischen sind die jungen Leute da, auch als potentielle Volksvertreter, von denen er im Februar gesprochen hat. Modrow allerdings wird sich aus dem politischen Tagesgeschäft so leicht nicht zurückziehen können, jedenfalls nicht, wenn es nach dem Willen seiner Partei geht.

Man wird sehen ...

Nachdem Modrow die Kandidatur zur Volkskammerwahl am 18. März akzeptiert hatte, blieben ihm noch drei Wochen als Regierungschef. Er nutzte sie, um für die Zeit »danach« soziale Absicherungen festzuschreiben, um die voraussehbaren Härten für die DDR-Bürger zu mildern, an die immer mehr, aber längst nicht alle, zu glauben begannen.

Am 1. März beschloß das Modrow-Kabinett die Gründung einer Anstalt zur treuhänderischen Verwaltung des Volkseigentums und eine Verordnung zur Umwandlung volkseigener Betriebe in Kapitalgesellschaften. Es ging um eine brauchbare Ausgangsposition für den Start in die Marktwirtschaft.

Gemessen an altbundesdeutschen Maßstäben, mögen diese Schritte eher zögerlich gewesen sein. Für die Denkweisen in der damaligen DDR wirkten sie fast revolutionär. Daß sich nur kurze Zeit später nicht wenige Chefs von Kapitalgesellschaften, bis dahin »brave« Wirtschaftsleiter, wie Manchesterkapitalisten benehmen würden ... Ob Modrow das geahnt hat? Aber selbst wenn, der eingeschlagene Weg war nicht mehr aufzuhalten, und er war, wie schon so vieles zuvor, vom Leben diktiert worden.

Die DDR-Regierung führte am 1. April 1990 einen Steuerfreibetrag von 200 Mark ein. Für 3,6 Millionen Arbeitnehmer bedeutete das 40 bis 60 Mark mehr in der Lohntüte. Der Grundurlaub wurde verlängert, die Lehrlinge bekamen mehr Geld. Drei Wochen vor der Wahl berief die DDR-Regierung eine Ausländerbeauftragte. Denn nun nahm auch in der DDR der Druck auf ausländische Mitbürger zu. Es kam eine Redensart auf: »Jetzt, wo wir endlich die Freiheit haben, wollen wir auch sagen, was wir wirklich über Polen, Rumänen, Türken oder Zigeuner denken.« Es ging nicht um Massenerscheinungen, aber die Anfänge waren alarmierend genug.

Modrow hinterließ seinem Nachfolger kein leichtes Amt. Aus den hoffnungsvollen Ansätzen, von denen in der Regierungserklärung im November 1989 noch die Rede war, wurde zum Schluß immer mehr eine Art Krisenmanagement. Aber immerhin, noch war das Land intakt, seine Potenzen groß; nur wie sie in das größere Deutschland einzubringen waren, konnte noch niemand sagen. Die einen hatten himmelhochjauchzende Erwartungen in bezug auf die Marktwirtschaft, die anderen die schlimmsten Befürchtungen. All das bestimmte auch den Inhalt der Briefe, die Hans Modrow nun erhielt.

Am 18. März wurde gewählt. Die ersten freien Wahlen in der 40-jährigen DDR. Niemand konnte diese Wahlen manipulieren. Der Gang in die Kabine war Pflicht. Modrow gehörte zu jenen PDS-Kandidaten, die in der Wählergunst ganz oben standen. Aber es gab eben nur einen Modrow.

Die Partei des Demokratischen Sozialismus wurde die drittstärkste im Lande. Ein Ausgangspunkt ...

Auf dem Wahlparteitag im Februar hatte ein Pressefotograf einen Schnappschuß von Modrow gemacht, wohl gerade in dem Moment, als er sich für die Kandidatur entschieden hatte. Modrow lacht. Auch dem neben ihm sitzenden Gregor Gysi scheint ein Stein vom Herzen gefallen zu sein. Der Fotoreporter schenkte beiden einen Abzug davon. Gysi wollte eine Widmung von Modrow. Der schrieb: »Wenn sich in so schwerer Zeit zwei Optimisten auf den Weg machen, vielleicht haben sie doch eine Chance ...«

25.2.1990

Werter Herr Dr. Modrow!

Bis jetzt habe ich Sie stets bewundert und Ihren Elan sowie Ihren persönlichen Einsatz zum Wohle unseres Volkes hoch geschätzt und anerkannt.

Leider bin ich von Ihrem heutigen Schritt, als Spitzenkandidat für die PDS zu kandidieren, sehr stark enttäuscht.

Bestimmt geht es vielen Menschen auch so, die Sie gern gewählt hätten, aber somit kommt dies ja nicht mehr in Frage, da wir die PDS ablehnen, sie ist ein Nachfolger der verhaßten SED.

Im Stillen hatte ich gehofft, daß Sie sich für das Sachsenland engagieren. – Schade!

Hochachtungsvoll
Erika Müller

Kenz, 25.2.90

Sehr verehrter Herr Ministerpräsident!

Bitte erlauben Sie mir, auch wenn es ungewöhnlich ist und Sie überraschen wird, Sie in unser Haus einzuladen, um sich hier von der enormen Anspannung, die Ihr Amt von Ihnen forderte, zu erholen. Gerade heute, nachdem Sie sich dazu entschlossen haben, in Ihrer Partei als Spitzenkandidat zu kandidieren, muß ich Ihnen diese Einladung sagen, weil es uns alle – das ist unsere ganze Familie, drängt, Ihnen unseren großen persönlichen Dank zu sagen für das, was Sie für unser Land in den Wochen seit dem November getan haben. Ihre Partei können wir nicht wählen, aber dennoch Ihnen unsere große Hochachtung und unseren Dank sagen. Wenn Sie unsere Einladung annehmen und in unserem Haus 4 Wochen Urlaub machen wollen, würden wir uns herzlich freuen. Unser Haus ist ein großes

Pfarrhaus in einem ruhigen Dörfchen, 12 km von Zingst an der Ostsee entfernt, gelegen. Unser Gästezimmer und was unser Haus an Bequemlichkeit zu bieten hat, steht gerne zu Ihrer Verfügung.

Mit meiner ganzen Familie grüße ich Sie mit aufrichtigem Dank.

Ihre Charlotte Lanz

Lieber Hans Modrow,
ich heiße St. B. und bin 16 Jahre alt. Zur Zeit habe ich zum erstenmal die Möglichkeit, meine in Wien arbeitenden Eltern zu besuchen. (Ansonsten muß ich im Internat leben, wo im Moment natürlich das totale Chaos herrscht.)

Mein Vater hat sich gerade mit einer Ministerin Ihres Kabinetts, Tatjana Böhm, getroffen, die zur Zeit in Wien weilt. Er hat früher mit ihr am Institut für Soziologie und Sozialpolitik zusammengearbeitet. So kam ich ganz überraschend zu einer Möglichkeit, Ihnen meine Bewunderung und meinen Dank auszusprechen. Ich bewundere Sie unheimlich für Ihr Engagement und Ihren unbeugsamen Willen, zu retten, was noch zu retten ist, und habe mich manchmal gefragt, wie Sie dieses von Termin-zu-Termin-Gehetze durchhalten und auch dann noch konstruktiv bleiben können, wenn Ihre Regierung von einer politischen Pfeife wie Helmut Kohl derart von oben herab behandelt wird.

Ich wünsche Ihnen auch weiterhin viel, viel Kraft, um allen Anfeindungen zu widerstehen und auch die letzten 3 Wochen noch würdevoll zu überstehen.

Ich finde es sehr schade, daß Sie sich als Spitzenkandidat der PDS zur Verfügung gestellt haben. Sie sind bestimmt zu gutmütig, denn Sie haben für die PDS soviel getan wie kaum ein anderer (im positiven Sinne).

Könnten Sie mir vielleicht ein Foto mit Ihrer Unterschrift senden? Es würde garantiert den Ehrenplatz an meiner Pinnwand bekommen!

Alles Gute
Stefanie

---

9. März 1990

Liebe Stefanie!

Für Ihren freundlichen Brief, den mir Frau Tatjana Böhm übergeben hat, möchte ich Ihnen herzlich danken.

In dieser Zeit des Umbruchs steht jeder von uns in der Verantwortung, nach besten Kräften für eine gute Zukunft unseres Landes zu wirken.

In diesem Sinne wünsche auch ich Ihnen alles Gute für den weiteren Lebensweg.

Mit freundlichen Grüßen
Hans Modrow

Ponyfarm Hassloch, 1.3.1990

Sehr geehrter Herr Ministerpräsident Modrow!

Als anerkanntes Opfer des Stalinismus (Mitwirkung am 17. Juni 1953) hatte ich mir, nach all den Erlebnissen beim »Stasi«, geschworen, nie wieder mit einem SED-Mann ein Wort zu reden, geschweige ihm die Hand zu reichen.

Ihr Einsatz für die DDR, nein für ganz Deutschland; Ihr Arbeitswille und Ihre Arbeitsleistung, oft über Ihre persönlichen Kräfte hinaus, fordern mir tiefen Respekt ab, so daß meine Einstellung zu wanken beginnt. Eigentlich sollte der Mensch immer zur Versöhnung und Vergebung bereit sein. Vieles Unangenehme würde der Menschheit dann erspart bleiben.

Wenn ich am 18. März 1990 in der DDR wählen dürfte, so würde Lothar de Maizière (CDU) meine Stimme, Hans Modrow aber mein Herz bekommen.

Das mußte ich Ihnen einfach einmal sagen.

Mit vorzüglicher Wertschätzung
und herzlichen Grüßen –
mögen Sie die Kraft für die Zukunft haben –
Ulrich T e t t e n b o r n

Zahna, 10.3.90

Verehrter Ministerpräsident!

In den letzten Wochen und Monaten bin ich als Pfarrer vielen Menschen begegnet, die Sie schätzen und Ihnen dankbar sind. Es sind vor allem ältere Frauen, unsere Mütter. Immer wieder hört man die Worte: »Modrow tut mir leid, was **der** Mann alles für uns getan hat!« Die Herzen der einfachen Menschen haben Sie gewonnen. Kann man mehr erreichen? Die Wahl ist eine andere Sache. Ich hoffe, daß Bündnis '90 eine wichtige Opposition wird und mit der PDS zusammenarbeitet. Sie müßten Präsident werden!

Ihr
Ulrich Beyer

N., 14.3.1990

Sehr verehrter Herr Ministerpräsident Hans Modrow!
Schon lange wollte ich Ihnen schreiben. Aber nun drängt es mich, Ihnen meinen großen Dank zu sagen für alles, was Sie unserem Land und allen Menschen getan haben. Die Revolution ist friedlich verlaufen. Sie haben großes Unheil, ja das Schlimmste, wie in Rumänien, verhütet und verdienen die größte Hochachtung und den großen Dank aller Menschen in diesem Lande.
Ich bin Jahrgang 1913 und habe nicht viel Gutes erlebt. Nun im Alter möchte ich nicht mehr die Ängste erleben wie in der Vergangenheit. Meine Lebenserwartung ist nicht mehr hoch. Aber für meine Kinder, Enkel und Urenkel wünsche ich eine bessere Zukunft. Solange wir einen Hans Modrow haben, wird es aufwärts gehen. Sie werden sich für Gerechtigkeit einsetzen. Anfangs hatte ich große Sorge, daß Sie nicht mehr kandidieren wollten. Aber dann war ich wie erlöst, als Sie Ihre Zusage gaben.
Streiten und kämpfen Sie weiter mit Ihren Getreuen, die Ihnen zur Seite stehen und denen auch mein großer Dank, meine Anerkennung für ihre geleistete Arbeit gilt.
Alles persönlich Gute, beste Gesundheit und Schaffenskraft für Ihre verantwortungsvolle Tätigkeit. Auch für alle Mitstreiter.

Ich umarme Sie!!!   Mit herzlichen Grüßen

H., 15.3.90

Sehr geehrter Herr Ministerpräsident Dr. Modrow,
als evangelischer Christ habe ich das Bedürfnis, Ihnen unmittelbar vor Ablauf Ihrer Amtszeit als Ministerpräsident der Volkskammer der Deutschen Demokratischen Republik meinen großen Respekt und gebührende Anerkennung zu bekunden ...

Trotz gewaltiger Herausforderungen und Widerstände in Ihrer eigenen Partei haben Sie den Menschen in Ihrem Land wieder Zuversicht gegeben. Dabei haben Sie es so manchem – auch hier – nicht unbedingt in jeder Hinsicht recht gemacht; vielen geht der Prozeß zur Einheit Deutschlands nicht schnell genug. Doch Sie haben kraft Ihrer Person und des Ihnen entgegengebrachten Vertrauens Gewaltiges bewirkt; ich nenne nur die Öffnung der Grenzen, freie und geheime Wahlen, die Aufnahme Oppositioneller als Minister ohne Geschäftsbereich in Ihr Kabinett sowie die – schließlich von allen anerkannte – Zusammenarbeit mit dem »Runden Tisch« (einer nachahmenswerten Einrichtung nach meiner Einschätzung). Ich bewundere Sie auch, daß Sie den Kirchen und damit vielen Christen die Hand gereicht haben, die Erhebliches auf dem Weg zum Frieden in Ihrem Land geleistet haben und viele Mitbürger ermutigt haben, diesen Weg unbeirrt und friedlich zu beschreiten. Auch in anderen Ostblock-Staaten ist nicht von ungefähr die Religions- und Glaubensfreiheit eingeführt worden. Mir scheint, daß gerade die Zusammenarbeit mit den Kirchen für Ihren großen Erfolg eine solide Grundlage geboten hat.

Auch in einem geeinten Deutschland könnte ich Sie mir als einen Politiker vorstellen, der für jedes herausragende Amt in Frage käme. Auch in diesem Teil des Landes genießen Sie viele Sympathien. Was auch immer Sie in der Zukunft tun, so wünsche ich Ihnen alles Gute und persönliches Wohlergehen.

Mit vorzüglicher Hochachtung
bin ich
Ihr
K.-W. K.

Ökumenisch-Missionarisches Zentrum /
Berliner Missionsgesellschaft
Werk des Bundes der Evangelischen Kirchen in der DDR

Ökumenisch-Missionarisches Zentrum/Berliner Missionsgesellschaft · Georgenkirchstraße 70 · Berlin · DDR-1017

Berlin, 16. 3. 90

Sehr geehrter Herr Ministerpräsident!

Heute ist Ihr letzter Arbeitstag in diesem hohen Amt. Sie werden sicher mit Erleichterung, vielleicht aber auch mit etwas Wehmut von dieser Aufgabe Abschied nehmen. An diesem Tage möchten wir Ihnen Dank sagen für das, was Sie in diesen Monaten als Mensch und als Amtsträger aufgebaut haben an

- neuer Glaubwürdigkeit in die Politik unseres Landes,
- an Prägung für das Amt über alle Parteigrenzen hinweg,
- an redlichem Beitrag für einen Brückenschlag in unserem zerrissenen Volk.

Dabei haben Sie sich ein Vertrauen erworben, wie es bisher keinem Politiker unseres Landes und nur wenigen Politikern im anderen deutschen Staat gelungen ist.

Mitarbeiter unseres Werkes – einer kirchlichen Dienststelle für Fragen der Dritten Welt, der Entwicklungsarbeit und der kirchlichen Ausländerarbeit – wünschen Ihnen, daß Sie angesichts des Mißtrauens zu Beginn Ihrer Tätigkeit, der diskriminierenden Verhaltensweisen mancher Politiker außerhalb der DDR und der Verunglimpfungen in den letzten Wochen nicht mit Verbitterung auf die Monate Ihres schweren Amtes zurückblicken, sondern eine neue Aufgabe übernehmen können im Wissen darum, daß Sie sich um unser Land verdient gemacht haben. Dies möchten wir Ihnen gegenüber mit Dank zum Ausdruck bringen. Als Christen erlauben wir uns, Ihnen für die vor

Ihnen liegende neue Wegstrecke Gottes Schutz und Segen zu wünschen.

Hochachtungsvoll
Ihre
Pfarrer Christfried Berger
Direktor

Weitere Unterschriften aus dem Kreis unserer Mitarbeiter anliegend.

Berlin, 22. 3. 1990

Sehr geehrte Frau Pfarrer Berger!

Für Ihren verständnisvollen Brief und das Vertrauen, das mir die Mitarbeiter Ihres Werkes entgegengebracht haben, möchte ich mich sehr herzlich bedanken.

Ich darf Sie versichern, daß ich dem Wirken der Christen unseres Landes und ihrer Einrichtungen wie in der Vergangenheit auch künftig große Wertschätzung beimessen werde.

Hochachtungsvoll
Hans Modrow

Berlin, 17.3.1990

Sehr geehrter Herr Ministerpräsident!

Morgen wird mit unseren ersten wirklich freien Wahlen Ihre Verantwortung als Regierungschef unseres Landes beendet sein.

Mir läuft ein kaltes Gruseln den Rücken herunter. Es wird bei den Wahlen eine Mehrheit für Bananen geben, für eine Selbstaufgabe der DDR.

Während Ihrer Amtszeit sind sicher auch viele unrealistische und widersprüchliche Forderungen und viel Kritik an Sie herangetragen worden. Es gibt aber auch viel Achtung und Zustimmung für das, was Sie für unser Volk und unser Land geleistet haben. Ich bezweifle, daß Sie auch das in dem gebührenden Maße erreicht hat.

Deshalb möchte ich mich persönlich bei Ihnen, bei Frau Prof. Christa Luft und anderen Mitstreitern Ihres ehemaligen Kabinetts herzlich bedanken. Sie waren in meinem 47-jährigen Leben das erste politische Oberhaupt unseres Landes, das ich achten konnte, mit dessen Handeln und Auftreten ich mich identifizieren konnte. Ich würde mir wünschen, Sie würden unser Ministerpräsident bleiben.

Zumindest werden Sie aber unserem Volk als Leitfigur einer gegen die Vereinnahmung unseres Landes sich neu zu formierenden Oppositionsbewegung zur Verfügung stehen. Dabei wünsche ich Ihnen viel Erfolg.

Vordem sollten Sie sich aber unbedingt einen ausreichenden Erholungsurlaub gönnen. Sie machen auf mich im Vergleich zur Zeit Ihrer Amtsübernahme einen physisch und vielleicht auch psychisch recht erschöpften Eindruck. Unser Land braucht Sie! Es braucht einen nach den Strapazen der letzten Monate wieder erholten und leistungsstarken Hans Modrow.

Ich weiß nicht, ob es von mir vermessen ist, da Sie ja sicher ganz andere Möglichkeiten haben, Ihnen mein und meiner Schwestern Grundstück mit Wochenendhaus in Ohrdruf/Thüringen (Nähe Oberhof), abseits von der sogenannten Öffentlichkeit und abseits von allem Trubel, für einen ausgiebigen Erholungsurlaub zur Verfügung zu stellen. Im Haus befindet sich ein Flügel, falls Sie musikalische Ambitionen haben sollten. Jeder Zeitpunkt würde sich realisieren lassen.

Ich hatte mich im Oktober vergangenen Jahres im Rahmen des Neuen Forums nach besten Kräften für die Überwindung des alten Regimes und seitdem für eine Erneuerung unserer Gesellschaft engagiert. Nun bin ich doch recht enttäuscht darüber, daß von unseren Oktoberträumen offenbar nur eine schöne Erinnerung an Stolz und Selbstwertgefühl geblieben ist und daß Leute, die wir nicht gerufen haben, die Früchte unserer Revolution ernten werden.

Es gibt in unserem Land aber auch Menschen, die wie ich nicht bereit sind, ihre gerade erst erworbene Selbstachtung gegen bundesdeutschen Wohlstand einzutauschen. Wenn wir es geschafft haben, gewaltfrei das alte stalinistische System zu überwinden, dann hätten wir es auch aus eigener Kraft ohne den großdeutschen Vereinigungskanzler Helmut Kohl mit gleichberechtigter und nicht erniedrigender internationaler Hilfe geschafft, unsere tiefe Krise zu überwinden. Ich schreibe Ihnen das, weil ich davon überzeugt bin, daß Sie ähnlich denken und empfinden. Ich möchte Sie ermutigen, weiterhin – jetzt in der Opposition – als Anwalt selbstbewußter m ü n d i g e r DDR-Bürger aufzutreten.

Mit freundlichem Gruß auch an Frau Prof. Christa Luft

Friedemann Fischer

Leipzig, den 18.3.90

Sehr geehrter Herr Ministerpräsident!

Zum Ausklang Ihrer Regierungszeit möchte ich Ihnen sehr herzlich danken für Ihr erfolgreiches politisches Wirken für das Wohl unseres Landes. Sie haben unsere Republik in einer äußerst schwierigen Situation regierbar gehalten, mit politischer Weitsicht, Tatkraft und hohem persönlichem Engagement zahlreiche notwendige, grundlegende gesellschaftliche Veränderungen bewirkt und in überzeugender Weise den »Runden Tisch« in die Regierungsarbeit einbezogen. Damit haben Sie getreu Ihrem Amtseid zum Wohl des Volkes gehandelt.

Tief beeindruckt bin ich als parteiloser, christlicher Bürger, der die letzten 30 Jahre politisch bewußt erlebt hat, von Ihrer Persönlichkeit. Ihr Auftreten in der Öffentlichkeit wie auf dem Parkett der internationalen Politik, Ihre kluge, überlegene Art, gepaart mit Bescheidenheit und Warmherzigkeit, hat Ihnen ja große Sympathie in der gesamten Bevölkerung eingebracht – und dies wohlverdient!

Ihre Handlungsweise im Fall Schnur, dem Sie den erbetenen Polizeischutz zugesichert haben, hat mich beeindruckt. Ich glaube, daß Sie, sehr verehrter Herr Ministerpräsident, mit Ihrem engagierten politischen Wirken und persönlichen Auftreten auch Maßstäbe für Ihren Amtsnachfolger gesetzt haben.

Darf ich Ihnen abschließend sehr herzlich gratulieren zu dem m. E. unerwartet guten Wahlergebnis Ihrer Partei; dies ist doch zugleich auch ein Vertrauensbeweis für Ihre Politik gewesen.

Ich möchte Ihnen, sehr verehrter Dr. Hans Modrow, für Ihre weitere politische Arbeit gute Gesundheit, viel Schaffenskraft und Elan sowie persönliches Wohlergehen wünschen.

Mit freundlichen Grüßen
Ihr H. G. P.

Timmel, 19.3.90

Sehr geehrter Herr Modrow,
mit diesem Schreiben möchte ich Ihnen ganz persönlich danken und Ihnen meine Hochachtung und Anerkennung für das aussprechen, was Sie in den letzten Monaten für die Menschen in der DDR und auch für uns Bundesbürger geleistet haben.

Und – das Risiko, für reichlich naiv gehalten zu werden, bewußt in Kauf nehmend – möchte ich Ihnen meine **Ferienwohnung** für einen Erholungsurlaub, den Sie nach den harten und schweren Monaten sicher nötig haben, zur freien Nutzung anbieten.

Ich lebe mit meiner Familie auf einem kleinen Dorf in Ostfriesland und hielte es mit etwas Geschick für durchaus möglich, Ihre für eine Erholung wichtige Anonymität zu bewahren.

Ich bin unweit der DDR-Grenze aufgewachsen und habe mir in meiner Jugend oft gewünscht, einmal auf die andere Seite zu dürfen. Heute habe ich die Vaterrolle in einer multikulturellen Familie inne, in der ich der einzige gebürtige »Deutsche« bin. Der wieder erstarkende Nationalismus, gepaart mit einer weit verbreiteten latenten Fremdenfeindlichkeit, bereitet mir Sorgen bezüglich der Zukunft meiner Kinder.

Sie, Herr Modrow, haben alles getan, um die von der alles nivellierenden Dampfwalze bundesdeutscher Politik und Wirtschaft beschleunigte »Vereinigung« zu bremsen. Meine Bedenken, daß unter dieser Walze viele Menschen auf der Strecke bleiben – nicht nur in der DDR, sondern auch bei uns –, haben nach den Wahlergebnissen eher zugenommen. Die mit einer Art Selbstentmündigung erkaufte große Hoffnung auf schnellen Wohlstand wird wohl bald in ebenso große Enttäuschung münden. Ich fürchte, daß man dann (wie es bei manchen Übersiedlern und bei den zu kurz Gekommenen in der Bundesrepublik schon heute zu spüren ist) in »den Ausländern« willkommene Sündenböcke finden wird.

Solchen Prozessen sind wir, im besonderen meine Kinder, relativ ausgeliefert. **Ein** Weg unter anderen aber ist es, Menschen wie Ihnen für ihren Einsatz, ihre Überzeugungen und ihre gelei-

stete Arbeit zu danken – gerade auch dann, wenn vieles umsonst gewesen zu sein scheint. Es war nicht umsonst. – Und mein vielleicht naiv wirkendes Angebot der Ferienwohnung ist sehr ernst gemeint.
Mit Hochachtung und mit herzlichen Grüßen

Ihr
Michael Raschdorff

Benneckenstein, 20.3.1990

Verehrter Hans Modrow!
Ich möchte Ihnen danken, daß Sie in dieser schweren Zeit ein paar Monate die Geschicke unseres Landes geleitet haben.

Viele Menschen haben durch Sie erfahren, daß es noch aufrechte Politiker gibt, die sich wirklich den Bürgern in unserem Land verpflichtet fühlen. Aber es müßte wohl mehr solche Politiker Ihres Formats geben, die sich ihre Ehrlichkeit und Güte bewahrt haben und nicht auf irgendwelchen Parolen herumreiten.

Es war eine große Freude, Sie zu sehen und Ihnen zuzuhören als einem Menschen, der, ohne große Worte zu machen, trotzdem viel sagte. Und ich bedaure es sehr, daß Ihre Zeit als Ministerpräsident schon abgelaufen ist.

Es ist bitter, erleben zu müssen, wie die guten Ziele der '89er Revolution nun so ganz verschwunden sind, wie immer deutlicher der Haß auf »die Roten« und Ausländerfeindlichkeit um sich greifen. Ich bin 30 Jahre, mein Mann 37 Jahre. Wir haben zwei Kinder (6 und 4 Jahre), und wir machen uns natürlich viele Gedanken über unsere Zukunft. Auch wir sind für eine Vereinigung beider deutscher Staaten, auch wir wollen, daß wir eines Tages das kaufen können, was wir möchten, aber nicht um jeden Preis! Es gibt so vieles zu bedenken dabei, doch es scheint so, als ob alle Menschen bei uns im Moment nur an die D-Mark denken, und was danach kommt, ist ihnen völlig egal. Warnende Stimmen werden einfach in den Wind geblasen (hatten wir das nicht schon mal?).

Ich finde es traurig, daß die CDU mit ihren Versprechungen und ihrem BRD-Wahlkampf unsere erste und wahrscheinlich letzte freie Wahl gewonnen hat. Wir werden es nun erleben, was wir von den Versprechungen der Herren Kohl, Ebeling und de Maizière zu halten haben. Da ich für Menschlichkeit, Ehrlichkeit und Toleranz im Umgang miteinander bin und mir das Programm der PDS wegen seiner klaren Aussagen zu allen wichtigen Fragen unserer Zukunft am besten gefallen hat, habe ich diese Partei gewählt.

Ich wünsche Ihnen erst einmal etwas Ruhe und Erholung nach den anstrengenden Wochen und Monaten und hoffe, wir werden auch weiterhin noch von Ihnen hören, wenn es um unser Land geht.

Mit freundlichen Grüßen
Marion Bollmann

PS: Ich werde versuchen, das über Sie erschienene Buch der »ersten 100 Tage« zu bekommen, und wäre sehr glücklich, wenn es mir gelingt.

Algermissen, 20.3.90

Sehr geehrter Herr Modrow!

Es hat wohl in dieser Zeit kaum ein öffentliches Amt gegeben, welches jemanden an so prominenter Stelle vor so undankbare Aufgaben stellte wie das Ihrige.

Zwar war ich nie ein Freund der SED (übrigens auch nicht der DSU). Ich möchte Ihnen jedoch meine Anerkennung und meinen Respekt vor Ihrer Arbeit in den letzten Monaten aussprechen und Ihnen für Ihre Arbeit und Ihren Dienst für Europa, für Deutschland, für den Abbau des Ost-West-Gegensatzes danken.

Ich wünsche mir, Sie auch weiter politisch aktiv und engagiert erleben zu können!

Ihr
Walter Dallacker

Gotha, 20.3.1990

Lieber Hans Modrow!

Ich ziehe vor Ihnen den Hut! Ich liebe den Frieden, wie Sie den Frieden lieben. Darf ich fragen, wieviel Jahre Sie sind? Als ich Sie zum ersten Mal gesehen habe, da habe ich Sie in mein Herz geschlossen. Wenn Sie Gregor Gysi sehen, sagen Sie ihm dann einen schönen Gruß von mir?

Ich wünsche Ihnen beiden alles Gute!
Schreiben Sie mir bitte auch mal in Ihrer Freizeit.

D. K.

Dresden, 20.3.1990

Sehr geehrter Herr Dr. Modrow!

Es ist mir ein tiefes Bedürfnis, Ihnen Dank zu sagen dafür, daß Sie in den vergangenen Monaten unter Einsatz Ihrer ganzen Kraft sich den Menschen, den Nöten und Problemen zur Verfügung gestellt haben. Immer haben Sie versucht, einen guten, gemeinsamen Weg zu finden – gefordert oft bis an die Grenze der Belastbarkeit.

Der Partei, der Sie angehören, könnte ich nie meine Stimme geben. Umso mehr achte ich Ihr Tun und Denken. Ich bin Christ und voller Dankbarkeit denen gegenüber, die die Urheber unserer friedlichen Revolution sind.

Ich hoffe sehr, daß die Entscheidung des 18. März vieler Bürger unseres Landes für den »praktischen Materialismus«: den Wohlstand mit der D-Mark – sich nicht so auswirkt, daß wir die ideellen und bleibenden Werte des Lebens vergessen, sondern an das Wort denken: Ein bißchen Güte von Mensch zu Mensch ist mehr wert als alle Weisheit der Erde.

Ihnen wünsche ich für Ihr persönliches Leben Wohlergehen und viel Gesundheit.

Im Namen auch vieler anderer
grüßt Sie in Dankbarkeit

Marianne Franke

G., 20.3.90

Lieber Herr Dr. Modrow!

Es ist schade, daß nicht alle Genossen so dachten wie Sie!

Ich habe als Christ alle Achtung vor Ihnen und möchte Ihnen für Ihr Bemühen als Ministerpräsident danken. Meine Familie und ich haben zwar nicht Ihre Partei gewählt, weil das Mißtrauen noch zu groß ist. Unser Bemühen ist aber das gleiche wie Ihres: das Wohl des Menschen wirklich in den Mittelpunkt zu stellen. Vielleicht schaffen wir es doch noch gemeinsam.

Wir achten Sie und danken Ihnen! – Trotz alledem! –

B. S. und Familie

In ihrer Zustimmungserklärung zur Veröffentlichung ihres Briefes teilt die Absenderin mit:

»Daß Herr Modrow für die ehemaligen Stasi-Mitglieder einer derart hohen Abfindung zugestimmt hat, hat meine Sympathien u. a. für ihn stark beeinträchtigt, und meine Meinung ist nicht mehr die, die sie zur Zeit meines Schreibens war.

Deshalb bin ich für eine Veröffentlichung nur mit diesem zusätzlichen Schreiben einverstanden (ohne Absender).

25. 8. 90 *B. S.*

Dresden, 21. 3. 90

Sehr geehrter Herr Modrow!

Jahrelang habe ich mit SED-**Bonzen** Schwierigkeiten mit meinen Ansichten und Auffassungen gehabt, habe mich betrogen gefühlt. Bei Ihnen habe ich das erste Mal das Gefühl (ich täusche mich selten) gehabt, da ist jemand, der es ehrlich meint.

Dafür vielen Dank!

F. L.

Leipzig, 22.3.90

Lieber Hans Modrow!

»Seien wir ehrlich miteinander ...«, es ist sonst eigentlich nicht meine Art, einem an sich fremden Menschen so einfach und zudem relativ »respektlos« einen persönlichen Brief zu schreiben. Wenn ich dies hiermit trotzdem tue, so aus dreierlei Gründen: da ich Sie erstens nicht als Fremden betrachte, sondern als einen bescheidenen, ehrlichen und volksnahen Menschen, für den ich sehr große Sympathie und Achtung empfinde und vor dem ich ganz tief den »Hut ziehe« (obwohl ich übrigens selbst gar keinen habe!), da es mir deshalb zweitens ein ehrliches Anliegen ist, Ihnen das ganz einfach einmal persönlich zu sagen, und da ich mir drittens sicher bin, daß Sie es mir bestimmt nicht übel nehmen, wenn ich spontan und unkonventionell eben diese Zeilen an Sie richte, um einige meiner Gedanken und Empfindungen zu den Ereignissen der vergangenen Zeit darzulegen, die Sie ja maßgeblich mitbestimmt haben ...

Ähnlich wie der durchschnittliche DDR-Bürger habe ich mich bis zum Herbst vergangenen Jahres mit Politik beschäftigt – nicht mehr und nicht weniger. Das hat sich jedoch seitdem geändert. Obwohl ich an keiner Demo teilgenommen habe (ich bin oft Neuem gegenüber etwas konservativ und zurückhaltend), begrüße ich viele – nicht alle! – Ergebnisse dieser »Wende«, zumindest bis zum 18.3. Wie viele andere auch hatte ich jedoch anfangs noch die Hoffnung, eine neue, demokratisch-umgestaltete DDR aufzubauen, und zudem das Eingeständnis, daß ich mich der Idee eines demokratischen Sozialismus doch stärker verbunden fühle, als ich das früher sicher selbst vermutet hätte. Allerdings scheint nun zumindest ersteres vorbei zu sein ...

Nach der Wahl bin ich nun ein wenig traurig und enttäuscht (obwohl ich sonst Optimist bin), denn, um mit Stefan Heyms Worten zu sprechen: »Es wird keine DDR mehr geben!« Und das stimmt mich doch ein bißchen wehmütig. Schließlich bin ich in diesem Land geboren, zweifellos von seiner Umwelt geprägt und besitze deshalb durchaus eine »DDR-Identität«, die ich nicht abstreifen will und kann. Darum finde ich es zum Heulen, daß – bei allen Verfehlungen, Unzulänglichkeiten und Deformierungen in 40 Jahren DDR – viele gute Dinge und vor allem die gerade errungene Freiheit, es nun selbst besser zu machen, der »D-Mark- und Bananenrepublik« geopfert werden. Bitter, weil diese Chance in erster Linie **vor** dem Herbst '89 verspielt wurde ... Aber, der Mensch gewöhnt sich ja an alles, und so werden wir auch diese Situation überstehen. Versuchen wir zumindest, das Beste daraus zu machen!

So, lieber Herr Modrow, nun habe ich doch viel mehr geschrieben, als ich eigentlich vorhatte, und bin Ihnen hoffentlich nicht allzu sehr »auf den Wecker gefallen«. Trotzdem Sie nun sicher doch etwas mehr Ruhe und Entspannung haben werden (übrigens das einzig Positive an der Tatsache, daß der Ministerpräsident nicht mehr Hans Modrow heißen wird!), werden Sie sicher kaum Zeit finden, jeden Brief zu beantworten. Wenn doch, würde ich mich doppelt freuen! Abschließend hoffe ich, daß Sie mir meine manchmal etwas saloppe Schreibweise nicht weiter übel nehmen, noch recht lange so bleiben, wie Sie sind, und in schwierigen Zeiten an das »alte Grünauer Sprichwort« denken: »Kopf hoch, auch wenn der Hals dreckig ist!«

In diesem Sinne verbleibe ich mit herzlichen Grüßen

Ihr
Dirk Seiler

Potsdam, 23.3.90

Sehr geehrter Herr Doktor Modrow!
Unsere Familie hat sehr viele Schwierigkeiten, Diffamierungen und Verfolgungen durch die SED und das MfS erlitten. Wir sind trotzdem hiergeblieben. Mein Mann (er war in der Zeit des Nationalsozialismus Student der Bekennenden Kirche, später Superintendent des Kirchenkreises Forst; leider ist er vor einem Jahr verstorben und konnte so diese neue Zeit nicht mehr erleben) und ich sind nie zu Wahlen gegangen.

Trotzdem fühle ich mich jetzt innerlich genötigt, Ihnen zu schreiben und damit Ihnen zu danken für das, was Sie in den letzten Monaten für unser Land getan haben.

Ich wünsche Ihnen alles Gute und verbleibe mit – jetzt – herzlichen Grüßen

Ihre
Rosemarie Stappenbeck

Jena, 25.3.1990

Sehr geehrter Herr Dr. Modrow,
ich achte und verehre Sie für die in den letzten Wochen und Monaten geleistete Arbeit für unser Land und seine Menschen.

Ich achte Sie auch für Ihren Versuch, der Familie Honecker das Leben zu erleichtern. Es sind nicht meine Freunde, aber es sind Menschen. Und auch die, die früher gejubelt haben, protestieren jetzt.

Ihnen wünsche ich Gesundheit und ein »maximal mögliches« Gelingen Ihrer politischen Tätigkeit für unser Vaterland DDR.

Mit großer Hochachtung
grüßt Sie E. W.

Rostock, 26.3.90

Werter Herr Modrow!

Aus tiefer Empörung heraus wende ich mich an Sie persönlich. Ich frage Sie, den Umzug der Familie Honecker betreffend, was soll uns, dem Volk, noch alles angetan werden? Sie schütten Salzsäure in unsere offenen Wunden. Wie können Sie nur so etwas, wie diese Sache des Umzuges, ausbrüten?! Was sollen wir nur noch von Ihnen denken? Soll ich Ihnen das wirklich mitteilen? Meine Höflichkeit läßt mich schweigen ...

Freundliche Grüße
Hannelore Möller

Halle, 28.3.90

Sehr geehrter Herr Dr. Modrow!

Auch in der Annahme, Sie mit diesem Brief zu verwundern, setze ich mich daran, ihn zu schreiben. In den letzten Tagen und Wochen ist es mir mehr und mehr ein Bedürfnis geworden. Ich möchte Ihnen damit meine Hochachtung und meinen Dank für all das aussprechen, was Sie für uns und unser Land zu tun bereit waren. Ihren Einsatz und Ihr Verantwortungsbewußtsein bewundere ich.

In den Tagen des Aufbruchs in unserem Land war ich von Anfang an bei denen, die Veränderungen wollten – Veränderungen **hier!**

Unser Ruf »Wir bleiben hier!« war getragen von dem Wunsch, unsere Kraft für dieses Land – unser Land – einzusetzen, um es zu bessern, umzugestalten. Viele auf den Demos damals waren dieser Meinung. Leider ließen wir uns irgendwann die Initiative von Leuten aus der Hand nehmen, die lauter brüllten. Ich war damals sehr enttäuscht, als ich dies erkannte, doch noch mehr hat mich das Votum des Volkes vom 18. März erschüttert.

Warum schreibe ich das alles? Weil Sie für mich durch Ihr Engagement und Ihr Auftreten zum überzeugendsten Politiker unseres Landes geworden sind. Ihre Politik und nicht zuletzt Ihre Person haben mich dazu gebracht, daß ich – obwohl ich im Oktober die Beendigung der Herrschaft der SED forderte – jetzt in meiner ersten freien und geheimen Wahl ohne Zögern die PDS mit ihrer Programmatik wählte. Und so wie mir geht es vielen in meinem Bekanntenkreis. Und ich finde, ein Politiker sollte es wissen, wenn er und seine Haltung anerkannt werden. Zumal Ihre Anstrengungen sicher von den kommenden Regierungen nur wenig – zu wenig – Würdigung erfahren werden.

Für Ihre kommenden Aufgaben und Ihr persönliches Leben möchte ich Ihnen viel Kraft und alles, alles Gute wünschen.

Mit freundlichen Grüßen
Ihr Jan Burges

Siersleben, 29. 3. 90

Werter Herr Modrow!

Mit großem Interesse verfolge ich, genau wie viele andere Werktätige unseres Landes, die Ereignisse, die sich zur Zeit in unserem Land abspielen.

Nun habe ich mich entschlossen, Ihnen meine persönliche Meinung, aber ich glaube, daß dies auch die Meinung vieler anderer ist, mitzuteilen.

Aus der Presse war heute zu entnehmen, daß unsere »Spitzenfunktionäre« straffrei ausgehen, weil sie haftunfähig, krank, geistig verwirrt usw. sind. Diesen Punkten kann ich mich nicht anschließen.

Herr Modrow, wenn die politische Wende in unserem Land nicht gekommen wäre, so würden doch diese Herren immer noch in verantwortungsvollen Funktionen vertreten sein. Ich glaube, nicht einer dieser Herren wäre dann arbeitsunfähig, so wie sie jetzt haftunfähig sind. Und dieser Umstand ist es, der unsere Menschen so wütend macht. Wie viele Menschen sind unschuldig verurteilt worden und mußten lange Haftstrafen verbüßen. Hat da jemals einer nach deren Gesundheitszustand gefragt?

Ein Herr Tisch z. B. ist noch nicht zu alt, um eine Strafe zu verbüßen.

Ich meine, den Schaden, den diese Politiker ihrem Volk angetan haben, kann man sowieso nicht wiedergutmachen. Aber es darf doch nicht sein, daß alle straffrei ausgehen.

Diese Leute haben unser Land wirtschaftlich zugrunde gerichtet, haben uns belogen und um die Früchte unserer Arbeit gebracht. Viele Menschen sind verzweifelt und fragen: wie geht es weiter? Wir haben gearbeitet und stehen nun vor dem Ruin, vor dem Nichts. Auch ich war bis Dezember 1989 Mitglied der SED. Ich war immer überzeugt, daß unsere Politik die richtige ist, und mit einmal stand ich vor einem Scherbenhaufen. Ich wurde mit Sachen konfrontiert, die sich mit meinem Gewissen nicht mehr vereinbaren ließen. Nun hatte ich gehofft, daß die PDS sich wirklich erneuert und sich auch mit dem alten gründlich auseinandersetzt, aber es sieht fast so aus, als ob unsere neue Partei diese Männer noch schützt. Ihnen, Herr Modrow, möchte ich meinen Dank sagen für Ihre geleistete Arbeit im vergangenen halben Jahr, was ja nicht leicht war.

Ich persönlich bedaure es sehr, daß Sie nicht wieder als Ministerpräsident gewählt wurden.

Für Ihr weiteres Leben alles Gute.

A. T.

Halle, 1.4.90

Hochverehrter Hans Modrow!

Mit wachsender Besorgnis beobachten wir die neuerlich dramatischen Vorgänge in unserem Land. Der 18. März mit seiner vielleicht für uns alle nun verhängnisvoll wirkenden Weichenstellung hat uns zutiefst betroffen gemacht!

Sind wir jetzt nicht erneut dabei, auf Grund übereilter Entscheidungen und eines sich wahrhaft ekstatisch gebärenden Konsumrausches, gravierende Fehler zu begehen, für die wir uns gar bald erneut verantworten müssen?

Vieles von dem, was wir im Herbst nicht erhofften, scheint heute utopischer denn je.

Aber wir sind der Meinung, daß es auch in unserem Lande Persönlichkeiten gibt, die mit Besonnenheit und Weitsicht an der Vereinigung beider deutscher Staaten wirken können.

So fühlen wir uns Ihrem Tätigsein als Ministerpräsident unseres Landes vom November 1989 bis März 1990 zutiefst verbunden.

Mit Ihrem Eintreten, Ihren Entscheidungen für unser Land und seine Menschen konnten Sie unser Vertrauen gewinnen!

Wir möchten Ihnen dafür aufrichtig danken! Auf welchem Platz Sie künftig auch stehen werden: Wir wünschen Ihnen Gesundheit und Schaffenskraft für Ihre Arbeit zum Wohle der Menschen in unserem Land.

                              Hochachtungsvoll
                              Tom Zimmermann
                              Gisela Zimmermann
                              Helmut Zimmermann

Wahrenbrück, 7.4.90

Sehr geehrter Herr Dr. Modrow!

Bevor ich zu meinem eigentlichen Anliegen komme, möchte ich mich kurz vorstellen: Siegfried Wendt, Jahrgang '48, Physik-Studium von 1967 bis 1974 in Leipzig, dort auch Promotion auf dem Gebiet der Festkörpertheorie, seit 1977 am Geophysikalischen Observatorium Collm der KMU mit der Registrierung und Bearbeitung von Erdbeben beschäftigt, ledig, parteilos.

Als Sie im stürmischen Herbst des vorigen Jahres das schwere und sicher auch recht undankbare Amt des Ministerpräsidenten übernahmen, war für mich einer der schönsten Tage, die ich bisher erlebte. Es war eine Zeit, in der noch viel Hoffnung war, uns aus dieser schwierigen Situation herauszufinden, ohne auf die DDR als Staat verzichten zu müssen. Mit großem Interesse verfolgte ich das politische Geschehen, war es doch so interessant wie nie zuvor in unserem Land. Mit zunehmender Sorge mußte ich aber feststellen, daß es immer schwerer wurde, unsere Souveränität gegen die äußeren Einflüsse aufrechtzuerhalten. Von der großen Hoffnung im November blieb nichts mehr übrig. Immer mehr machten sich Angst und Ungewißheit breit. Nie hätte ich geglaubt, daß ich einmal um meinen Arbeitsplatz bangen müßte, dessen Verlust mich schwer treffen würde, denn meine wissenschaftliche Tätigkeit und die Arbeit mit meinen Studenten füllen mich voll aus.

Es ärgert mich maßlos, daß alles nur noch an der D-Mark gemessen wird. Es gibt doch auch nicht in Geld auszudrückende Werte, die aber zunehmend an Bedeutung verlieren. Für mich ist es unbegreiflich, daß Menschen ihr ehrlich verdientes Geld sehr großzügig ausgeben, wenn sie dafür Westwaren bekommen. Dieses nur noch auf Konsum orientierte Denken bedrückt mich entsetzlich. Der Tag, an dem die DDR aufhört, als solche zu existieren, wird sicher einer der bittersten in meinem Leben werden.

In den zurückliegenden Monaten wurden Sie mit Ihrer unermüdlichen und uneigennützigen Arbeit zu der Person, auf der mein ganzer verbliebener Rest von Optimismus beruht. Ich möchte Ihnen ganz herzlich für Ihre großen Bemühungen um unser aller Wohl danken und gleichzeitig meiner Hoffnung darüber Ausdruck verleihen, daß Sie als Volkskammerabgeordneter gemeinsam mit der erfreulich starken PDS-Fraktion versuchen, das Schlimmste von uns fernzuhalten. Für die Lösung dieser schweren Aufgabe, bei der Sie weiterhin schlimmen Anfeindungen Ihrer politischen Gegner ausgesetzt sein werden, wünsche ich Ihnen viel Kraft, Gesundheit und Optimismus, außerdem ein bißchen mehr Zeit als in den letzten Monaten, damit Sie auch Ihren sportlichen Ambitionen wieder nachgehen können. Als begeisterter Radfahrer (am liebsten bergauf im Wald mit der Stoppuhr um den Hals, wozu im Wermsdorfer Forst günstige Möglichkeiten bestehen) weiß ich, wie wichtig und nützlich regelmäßige körperliche Belastung ist.

Durch Ihr bescheidenes Wesen und Ihren enormen Fleiß sind Sie für mich zu einem vorbildlichen Politiker geworden, an dem ich in Zukunft Ihre »Kollegen« messen werde. Nach all den schlimmen Erkenntnissen über das Tun und Lassen unserer früheren Staatsführung war es sehr wohltuend, auch einmal ein positives Gegenbeispiel zu erleben.

Ich hoffe, daß Sie diese Zeilen trotz vieler Arbeit selbst lesen konnten. Wenn es eine Glücksfee gäbe und ich drei Wünsche frei hätte, dann wäre einer davon, mich einmal persönlich mit Ihnen unterhalten zu können.

Hochachtungsvoll
S. Wendt

Zabelsdorf, 8.4.1990

Werter Hans Modrow!

Ich habe den Mut gefunden, an Sie zu schreiben, weil ich Ihnen auch im Namen vieler Zabelsdorfer PDS-Wähler (über 20%) dafür unseren Dank aussprechen will, daß Sie bereit waren, in der ganz schweren Zeit große Verantwortung zu übernehmen.

Sie haben dafür gesorgt, daß wir als DDR-Bürger unsere Würde und unser Selbstbewußtsein behalten konnten. Es ist Ihnen gelungen, das Vertrauen der Menschen, alter und junger in unserem Dorf, zu gewinnen.

Ich weiß, daß Sie an keine Kirche gebunden sind, aber Ihr Denken und Handeln sind christlicher als das Leben mancher Leute, die sich Christen nennen.

Es hat mich innerlich sehr beruhigt, als ich merkte, daß es auch Menschen wie Sie in der mir so verhaßten SED gab. Deshalb konnte ich auch an die Erneuerung dieser Partei glauben.

Wenn auch das Wahlergebnis viele Bürger unseres Landes traurig gestimmt hat, so ist doch die starke PDS-Fraktion in der Volkskammer für uns links Denkende ein großer Trost.

Ich habe noch Träume. Mit meinen 40 Jahren möchte ich noch einen demokratischen Sozialismus in einer besseren, entmilitarisierten Welt erleben.

Mit dem Gedanken an's »einig Vaterland« kann ich mich nicht so recht anfreunden. Aber wenn es denn so sein soll, wünsche ich mir Ihr ehrliches Gesicht neben dem pfiffigen Dr. Gysi im Bundestag. In diesem Sinne möchte ich Ihnen eine stabile Gesundheit wünschen und dem fähigsten Ministerpräsidenten, den dieses Land je hatte, für seine aufopferungsvolle Arbeit Dank sagen.

Margret Pötzsch

Berlin, 9.4.1990

Lieber Hans Modrow!

Nun nehme ich dann heute endgültig Abschied von diesem Land mit Namen DDR. Von diesem Land, das ich so sehr haßte, das ich wohl viel viel mehr liebte. Wohl muß ich auch Abschied nehmen von all' den Menschen, die mich auf meinem 39-Jahre-Weg begleiteten. Denn sie werden nicht mehr dieselben sein wie davor. Ich würde lügen, wenn ich sagen würde – es fällt mir nicht schwer. Doch, es fällt mir sehr schwer; und ich werde wohl nie etwas anderes sein können als ein **ehemaliger DDR-Bürger**, werde mich fühlen wie ein Fremder im eigenen Land. Doch damit muß und vielleicht werde ich fertig werden. Ich gehöre eben nicht zu dieser »überwiegenden Mehrheit«, die diesen eingeläuteten Weg gewollt hat. Doch ich will meinen Jammer nicht bei Dir lassen – verzeih, wenn ich Du sage –, aber anders könnte ich Dich gar nicht nennen.

Grundanliegen meines Briefes ist eigentlich, Dir meinen Dank auszusprechen, meinen Dank und den meiner Familie. Wir danken Dir für Deine Arbeit der zurückliegenden Monate, für die Sicherheit, die Du uns damit gegeben hast. Wir schätzen uns unendlich glücklich, Dein Begleiter gewesen zu sein. Du warst uns der lebende Beweis dafür, daß alles das, woran wir geglaubt haben, unter anderen Umständen und zu einer anderen Zeit, doch irgendwo Wahrheit bedeutet, einfach Wahrheit. Es ist uns Beweis dessen, daß es auf dieser Welt wohl nicht nur Lüge, Korruption, Amtsmißbrauch und was weiß ich alles gibt. Wir bitten Dich, unsern Dank auch Deiner Frau zu übermitteln, Deiner Familie.

Lieber Hans Modrow!

Wir hätten Dich gern länger als Ministerpräsident gesehen. Aber auch das müssen wir lernen, mit Situationen zu leben, die uns vielleicht nicht sehr angenehm sind.

Fragen werden wir uns immer wieder – war das alles notwendig? Wieviel Schuld tragen wir selbst? Wieviel Schuld werden wir abtragen müssen? Sicher ist jedoch, wir haben viel gelernt im gesamten Umbruch. Die wohl wichtigste Erkenntnis, die ich für mich gemacht habe, ist die: zuallererst alles und jedes solange anzuzweifeln, bis sich der Beweis für die Richtigkeit ergeben hat. Für mich ist der Prozeß der ungeprüften Glaubwürdigkeit für alle Zeiten beendet. Das soll **nicht** heißen, daß Mißtrauen mein Wegbegleiter sein wird.

Danken möchten wir Dir für Deinen Entschluß, für die PDS zu kandidieren. Von diesem Augenblick an waren wir plötzlich nicht mehr so verlassen, wir hatten wieder eine Heimat.

Ich bin überzeugt davon, daß der Mensch, jeder nach seinen Vorstellungen, an irgend etwas glaubt. Ich glaube einfach, daß es irgendwann auf dieser Welt einen großen Konsens zwischen den Völkern geben wird. Weil es die Vernunft gebietet, daß es so sein wird, daß der Starke dem Schwachen helfen wird und daß die Menschheit unseren blauen Planeten vor der Umweltkatastrophe bewahrt. Da ist es mir ganz egal, wie diese Gesellschaftsordnung einmal genannt wird. Wichtig ist für mich, daß es sie einmal geben wird ...

Lohnt es nicht, dafür zu leben? Ja, das tuts! Dafür habe ich mich immer eingesetzt, und das werde ich auch weiter tun. Das Motto Deines Buches »Seien wir doch ehrlich miteinander« soll mir dabei helfen.

Wir wünschen Dir für alle Deine Vorhaben viel Kraft und Gesundheit.

Wir versichern Dir, daß wir Dich und Gregor, soweit und solange wir in unseren Ansichten und Vorstellungen übereinstimmen sollten, noch ein gutes Stück des Weges begleiten werden – und wir sind ganz sicher **nicht** die einzigen!

Lieber Hans Modrow!

Nehmen wir Abschied von der alten Zeit – Nehmen wir Anlauf für eine neue Zeit!

Dafür Mut uns allen und Solidarität!

In größter Hochachtung
Ingrid Naumann

Berlin, 9.4.1990

Lieber Genosse Hans Modrow!

Da ich zu denen gehöre, die Dich bedrängten, entgegen Deinem Wunsch für die Volkskammer zu kandidieren, war mir der 5.4. besonders schmerzlich.

Am 28.12.1989 hatte ich dem Arbeitsausschuß zur Vorbereitung des Wahlgesetzes schriftlich vorgeschlagen, die Hauptrepräsentanten des Staates (Präsident der Republik, Volkskammerpräsident und Ministerpräsident) **direkt** von den Bürgern wählen zu lassen. Das Resultat wäre besser ausgefallen. Ob man diese Gedanken für eine gesamtdeutsche Wahl gebrauchen kann? Doch jetzt bitte ich Dich sehr, trotz alledem Deinen Entschluß nicht zu bereuen. Dazu einige Gedanken:

1. Keiner, der beim Parteitag oder im Rosa-Luxemburg-Haus dabei war, als Du Deine Entscheidung verkündetest, wird je im Leben diese bewegenden Minuten vergessen! Du selbst – der sich sonst immer fest in der Gewalt hat – konntest den Satz nicht zu Ende sprechen.
2. Durch Deine Kandidatur hat unsere Partei viele Stimmen gewonnen, die uns sonst gefehlt hätten.
3. Auch jetzt wirst Du in unserer Volkskammerfraktion Deine reichen Erfahrungen einbringen und somit mittelbar auf die Arbeit des Präsidiums wirken können.
4. Wenn dann endlich die neue Regierung ihre Aufgaben übernommen hat, wirst Du auch außerparlamentarisch arbeiten und mit uns auf die Straße gehen können.
5. Und schließlich solltest Du Dir endlich »normale« Arbeitstage, Zeit für die Familie und für Deine Gesundheit gönnen.

Ich danke Dir sehr für alles! Bleibe uns bloß gesund! Wir brauchen Dich!

Mit den besten Wünschen
Deine Genossin
Gudrun Hirche
(Rentnerin)

Coswig 2, 11.4.90

Sehr geehrter Herr Modrow!

Da nun leider Ihre Amtszeit sehr bald beendet sein wird, was ich sehr bedaure, möchte ich es doch nicht versäumen, Ihnen auf diesem Wege meine Hochachtung und Wertschätzung für die von Ihnen geleistete Arbeit in der Übergangsregierung auszusprechen.

Mir wäre sehr viel wohler, wenn Sie auch weiterhin die Geschicke unseres Landes lenken würden, aber der Wille eines Teils unseres Volkes ging andere Wege.

Ich bin jetzt 45 Jahre alt und seit langem mithelfende Ehefrau in einem Handwerksbetrieb in »Ihrem« ehemaligen Bezirk Dresden. Handwerker hatten sicher keinen Grund, unter Führung der SED in Jubelgesänge auszubrechen. Die alten Zeiten waren auch nicht besonders schön, weil es uns an so vielem mangelte. Aber eines hatte ich nie – Angst vor dem Morgen und der Zukunft. Dies ist aber seit den Tagen nach dieser ersten freien und geheimen Wahl der Fall. Auf diese bittere Erfahrung hätte ich gern verzichtet, weil der Ausgang dieser Wahlen eindeutig nur von der DM beeinflußt wurde. Der Besitz dieser harten Währung, die wohl jeder gern hat und eine Frau ganz besonders, steht für die Hälfte der Bevölkerung unseres Landes im Vordergrund, und dafür sind sie bereit, Anstand, Würde und Stolz einzutauschen. Sehr beschämend.

Nach dieser Wahl hat die gute Hälfte der DDR-Bürger nunmehr eine Regierung, von der wir uns schon vor dem ersten Amtstag betrogen fühlen, von der jetzigen Beschaffenheit des Parlamentes ganz zu schweigen. Davon kündete ja schon der 1. Beratungstag am 5. 4. 90.

Unser kleines Land ist zwar sehr gebeutelt, aber ich bedaure es trotz allem, daß es in absehbarer Zeit aufhören wird zu existieren und in das große Deutschland einfließen soll. Ich werde mich wohl noch lange Zeit als DDR-Bürger fühlen in der Zeit der Anpassung, die für meine Begriffe nicht so sehr schnell zu kommen braucht.

Ich hoffe sehr, daß Sie, Ihre Partei und die gesamte Opposition es mit bewirken können, daß wir nicht nur geschluckt werden, sondern alles Gute auch wirklich mit einbringen können.

Herr Dr. Gysi sagte vorige Woche vor der Volkskammer bei seiner Begründung für Ihre Kandidatur als Präsident, Sie seien Vergangenheit, Gegenwart und Zukunft. Dem kann ich mich nur anschließen, weil mir bisher kein anderer Politiker so imponiert hat wie Sie.

Sie traten dieses schwere Amt des Ministerpräsidenten zu einer Zeit an, als schon feststand, daß es Ihnen weder Ruhm noch Ehre einbringen würde, sondern nur Kritik bestimmter Kreise und Personen, von bundesdeutschen Politikern ganz zu schweigen. Mit Ihrer Arbeitsweise haben Sie sich dennoch bei vielen Bürgern großes Ansehen und Vertrauen erworben, was Ihnen auch noch nach Ihrer Amtsübergabe, die sicher in der nächsten Woche stattfinden wird, erhalten bleibt.

Leider gibt es Ihr Buch »Die ersten hundert Tage« im Kreis Meißen bis heute noch nicht zu kaufen, ich hoffe, daß es nun bald zu haben sein wird. Ich werde es mit Interesse lesen, zumal ja auch etwas über Dresden enthalten sein soll.

Es war mir ein Bedürfnis, Ihnen diese Zeilen zu schreiben, und ich hoffe, daß sie Sie noch erreichen.

Abschließend wünsche ich Ihnen weiterhin alles Gute in Ihrer politischen Arbeit in Partei und Opposition sowie beste Gesundheit und hoffe, daß Sie mich und die anderen Bürger unseres Landes, die Sie immer noch als »Hoffnungsträger« betrachten, in der Volkskammer entsprechend vertreten werden.

Dies betrifft z. B. den meiner Meinung nach wichtigen Volksentscheid über die vorgelegte neue Verfassung des Runden Tisches. Außerdem möchte ich auch nicht über Artikel 23 des Grundgesetzes Bundesbürger werden!

Ich muß Ihnen sicher nicht sagen, daß ich mit meiner Meinung bei CDU-Wählern als Handwerksfrau schon sehr in das berühmte »Fettnäpfchen« getreten bin, weil ich nicht diese Partei und deren Rattenfänger-Programm gewählt habe. Vor allem, weil ich meine persönliche Meinung auch vertrete, was manchmal schon wieder sehr nachteilig sein kann!

Sie haben die schwere Aufgabe, die Sie im Nov. 89 übernahmen, wirklich in Ehren erfüllt, und dafür danke ich Ihnen von ganzem Herzen.

Hochachtungsvoll
Ihre Gabriele Müller

DER LEITER DES SEKRETARIATS

Bei Beantwortung bitte
Aktenzeichen angeben.

BUND
DER
EVANGELISCHEN
KIRCHEN

IN DER DEUTSCHEN DEMOKRATISCHEN REPUBLIK

Berlin, 12.4.1990

Sehr verehrter Herr Ministerpräsident!

In diesen Tagen werden Sie Ihr schweres Amt in andere Hände legen. Das wird Sie auf der einen Seite entlasten. Andererseits geben Sie auch ein Stück Verantwortung her, die Ihr Leben in den letzten Monaten bei aller Belastung ausgefüllt hat. Das ist, so denke ich, stets auch ein wenig mit Schmerzen verbunden. Ich danke Ihnen für alle Begegnungen, die für mich stets wohltuend und bereichernd waren. Herzlich danke ich Ihnen auch für das Buch mit Ihrer Widmung, das Sie mir gestern überbringen ließen. Es war eine bewegende und reiche Zeit, die wir in den letzten Monaten erlebten. Die Zusammenarbeit mit Ihnen war eine der guten und großen Erfahrungen in meinem Leben.

Ich wünsche Ihnen für die kommende Zeit mit ihren neuen

Aufgaben Mut und Gelassenheit und eine nicht ermüdende Tatkraft. In der Hoffnung, daß Ihnen die bevorstehenden Feiertage ein wenig Entspannung und Ruhe bringen, bleibe ich mit freundlichen Grüßen

Ihr
Martin Ziegler

Berlin, 27. April 1990

Bund der Evangelischen Kirchen
in der DDR
Leiter des Sekretariats
Herrn Dr. Martin Ziegler

Sehr verehrter Herr Dr. Ziegler!
 Herzlichen Dank für Ihren so warmherzigen Brief.
 Natürlich waren die zurückliegenden Monate nicht einfach. Wenn das Land regierbar blieb, dann auch und insbesondere dadurch, daß Menschen wie Sie sich dafür mit Herz und Verstand einsetzten. Uns einte dabei die Sorge um die Wohlfahrt der Menschen dieses Landes. Ich denke, daß die Erfahrungen der Zusammenarbeit mit dem »Runden Tisch« eine große Bereicherung im Zusammenwirken verschiedenster politischer Kräfte darstellen, die auch für die künftige Arbeit nicht wieder vergessen werden sollten.
 Ich wünsche Ihnen alles Gute!

Mit freundlichen Grüßen
H. Modrow

Dresden, 14.4.1990

Sehr geehrter Dr. Hans Modrow!

Jetzt, wo es in Fernsehen und Radio stiller um Sie wird und nur noch ab und an eine Zeitung einen Schmutzkübel über Ihnen ausschüttet, werden Sie vielleicht Zeit finden, einen Brief zu lesen.

Ich möchte Ihnen danken für Ihr Bemühen, in der über uns hereinbrechenden Sturzflut zu retten, was zu retten ist.

Es war eine schwere Zeit, die Sie als Ministerpräsident zu überstehen hatten, und ich hoffe sehr, daß Sie sie ohne größeren Schaden überstanden haben. Oft versuchte ich in den letzten Monaten, mir vorzustellen, mit welch inneren Problemen Sie fertigwerden müssen – neben all den komplizierten Aufgaben, vor die Sie gestellt waren.

Wir sind etwa ein Jahrgang, und ich kann mich deshalb gut in Ihren Entwicklungsgang hineindenken. Wie Ihnen wurde auch mir 1945 das anerzogene Ideal durch die Wirklichkeit zerstört. Wie Sie suchte ich einen neuen, einen besseren Weg. Ich fand ihn als Neulehrerin mit dem Ziel, Kinder und Jugendliche für eine menschlichere Gesellschaft zu erziehen. Allerdings war mein Weg nicht so konsequent wie Ihrer. Das lag zunächst daran, daß ein »gebranntes Kind das Feuer scheut«. Später haben mich Worte, wie »die Partei hat immer recht«, davon abgehalten, Genossin zu werden.

Ich neige dazu, die Theorie an der Praxis zu überprüfen, und da stimmte von Anfang an vieles nicht. Auch die Behauptung »wo ein Genosse ist, ist die Partei« ließ mir nach meinen Erfahrungen mit vielen Genossen erhebliche Zweifel aufkommen.

Trotzdem blieb von den sozialistischen Ideen und Idealen noch genug übrig, daß ich meine Aufgaben als Lehrerin mit gutem Gewissen erfüllen konnte. Frieden, soziale Gerechtigkeit, gleiches Recht auf Bildung (auch für Körperbehinderte, mit denen ich seit 1953 arbeitete), Solidarität und vieles mehr konnte ich ehrlichen Herzens vertreten. Wenn wir am Ende doch nicht glaubwürdig erschienen, dann lag das an dem immer deutlicher werdenden Widerspruch zwischen den offiziellen Erfolgsmeldungen und der jedem sichtbaren Mißwirtschaft im Lande, an der laut verkündeten Freundschaft mit allen Völkern der Welt und der immer drückender werdenden Abkapselung unserer Menschen, an der gesetzlich festgelegten Aufgabenstellung, selbständig denkende Menschen zu erziehen, der die Notwendigkeit gegenüberstand, selbständige Gedanken nicht auszusprechen und bei den Schülern zurückweisen zu müssen, weil sie nicht mit der offiziellen Denkweise übereinstimmten.

Ich bin überzeugt, daß Sie, lieber Hans Modrow, mit ähnlichen Widersprüchen – wenn auch auf höherer Ebene – Ihre Schwierigkeiten hatten. Ich bin überzeugt, daß auch Sie sahen, wie wir auf eine Katastrophe in Wirtschaft, Bauwesen und Gesundheitswesen zusteuerten.

Aber die Erkenntnis muß für Sie viel schwerer zu ertragen gewesen sein, weil Sie Ihren Weg von Anfang an viel bedingungsloser gegangen waren.

Es steht mir nicht zu zu beurteilen, wie groß in Ihrer Funktion die Möglichkeit gewesen wäre, Theorie und Praxis besser in Einklang zu bringen. Dazu ist mein Gesichtskreis zu klein. Aber ich bewunderte in den letzten Monaten Ihre Haltung und das Verantwortungsbewußtsein, mit dem Sie versuchten, den von Ihrer Parteiführung und von Ihnen angerichteten Schaden zu begrenzen.

Ich weiß nicht, welche Aufgaben jetzt vor Ihnen stehen. Ich weiß nicht, ob Sie wieder zu uns nach Dresden kommen können oder wollen. Ich kann mir auch kaum eine Vorstellung machen von der Kompliziertheit aller Probleme, die jetzt vor uns stehen. Aber ich weiß bestimmt, daß Sie Ihr Möglichstes tun werden. Und mit mir vertrauen sehr viele Menschen in meinem Umkreis auf Ihre ganz persönliche politische Arbeit zum Wohle unserer DDR-Bevölkerung.

                        Nochmals also Dank und viele gute Wünsche für Kraft und Gesundheit!
                        Helga Sievers

PS. am Rande: In meinem Bewußtsein bekam Ihr Name vor vielen Jahren sein erstes positives Vorzeichen in Verbindung mit der **Modrow-Kaufhalle** in Johannstadt-Nord! Er stand da für gutes Angebot und Verkaufskultur, und ich weiß bis heute nicht, ob Sie daran tatsächlich schuld waren.

Potsdam, 15.4.1990

Sehr geehrter Herr Dr. Modrow!
Es ist sicher nicht alltäglich, daß ein Pfarrer Ihnen einen Brief schreibt. Und auch ich kann mir nicht gut vorstellen, daß ich das – ohne einen triftigen Grund – vor einigen Monaten getan hätte ...

Ihnen aber schreibe ich nun. Und das eigentlich nur, um Sie wissen zu lassen, wie groß meine Hochachtung vor Ihnen ist und daß ich Ihnen dankbar bin für die Weise, in der Sie Ihr Amt in den letzten Monaten geführt haben. Als Sie vor etlichen Wochen mit vielen Begleitern aus der Regierung Bonn verließen, da war ich sogar stolz darauf, mit Ihnen als Bürger desselben Landes verbunden zu sein.

Ich empfinde es als tragisch, wie in unserem Teil Deutschlands Menschen, die in der Sache einander so nahe sein könnten, einander entfremdet worden sind. Dabei weiß ich wohl, daß die Schuld dafür nicht nur auf einer Seite zu suchen ist. Dennoch wäre wohl vieles anders gelaufen, wenn diejenigen, die sich Marxisten nannten und die Macht an sich genommen hatten, dem Ziel von Karl Marx tiefer verpflichtet gewesen wären und wenn das Mittel der »großen Koalition« zwischen gleichberechtigten und sich gegenseitig achtenden Partnern zum Wohl der Menschen unseres Landes gesucht worden wäre. Wie oft habe ich selbst versucht, Brücken der Verständigung und Versöhnung zu denjenigen zu schlagen, bei denen ich das große Ziel und Ideal einer gerechteren Gesellschaft zu entdecken glaubte. Doch meine Partner vermochten darauf nicht einzugehen aus Angst, von der Linie abzuweichen, die uns Christen eine ganz bestimmte negative Rolle im Staat zuwies.

Nun sehe ich, wie plötzlich Menschen, die mir früher nicht einmal einen guten Tag gewünscht hätten (Lehrer, Offiziere usw.), zu mir kommen und erleichtert ihre Menschlichkeit mitbringen, die sie lange Jahre verdrängen mußten. Warum mußte zur Aufdeckung dieser Menschlichkeit, die glücklicherweise nicht völlig abgetötet, nur im »Funktionärsein« verschüttet war, alles auf den Kopf gestellt werden? Wollte Karl Marx nicht mehr Menschlichkeit? So hatte ich ihn verstanden und verstand darum diejenigen nicht, die ihm monumentale Standbilder – wohl zur eigenen Rechtfertigung und aus schlechtem Gewissen – aufstellten.

Nun, da unser Teil des Landes wohl »angeschlossen« werden wird, da viele um die Hoffnung auf eine gerechtere Gesellschaftsordnung ärmer gemacht worden sind (von denen, die sich Marxisten-Leninisten nennen und nannten), sind es einige Christen, die mit ihrer Utopie vom Reich Gottes die Hoffnung auf mehr Gerechtigkeit, auf Frieden und auf die Bewahrung der Schöpfung neu zu beleben versuchen.

Wenn es doch wahr wäre, daß die Sozialisten zuallererst das Wohl der Menschen suchten. Gardavský hat schon 1968 in seiner Schrift »Hoffnung aus der Skepsis« ausgesprochen, daß es eine Hoffnung auf Überleben der Menschheit nur gäbe, wenn Christen und Marxisten sich zusammenfänden zum Wohl der Menschheit. Über 20 Jahre ist das her, und es blieb ungehört im Kreise seiner sozialistischen, marxistischen Freunde (oder wohl meist: Gegner).

Ich gehöre nicht zu denen, die Hände ausschlagen, und ich habe es mit Dankbarkeit gelesen, daß die Verfasser des »Kirchenpapiers« in der PDS die von ihnen so oft schlecht behandelten Christen um Vergebung baten. Wie sollten wir darauf nicht positiv antworten! Aber das eine ist diese gute Weise des ersten neuen Schrittes, ein anderes ist viel Bösartigkeit von den örtlichen Genossen, die – noch immer im Amt – wohl auch noch immer von der Richtigkeit ihrer früheren Bösartigkeiten überzeugt sind, weil sie verkrümmt wurden in ihrer Persönlichkeit durch ein so schlimmes Wort wie das des »Funktionärs«, das Menschen zu funktionierenden, verantwortungslosen, herzlosen Maschinen entwürdigte und sie dazu werden ließ.

Gerne schreibe ich Ihnen, daß Sie es mir viel leichter gemacht haben, auch von mir aus wieder mit Offenheit denen zu begegnen, denen ich früher, weil immer potentielle Mitarbeiter des MfS, nur mit tiefem Mißtrauen begegnet wäre. Dafür danke ich Ihnen. Nur schade, daß solche Art eines freien, menschlichen Miteinanders erst jetzt möglich wird, da wir auf dem Wege sind, den Sozialismus, der doch die Gemeinschaft von Menschen sein sollte, zugunsten einer Gesellschaft aufzugeben, die – in unterschiedlicher Weise – in ihrem Wesen und ihrem Ziel die Gemeinschaft der Gleichwertigen und die Gerechtigkeit als höchstes Ziel menschlicher Gesellschaft leugnet. Ich wäre sehr froh, wenn ich die Zeit noch erleben könnte, in der sich alle Menschen, die dem Überleben der Menschheit und einer gerechteren Weltordnung verpflichtet sind, zusammenfinden und endlich miteinander Frieden schließen. Ich bin gewiß, daß Sie, sehr geehrter Herr Dr. Modrow, zu denen gehören werden, die die verbleibenden Jahre ihres Lebens diesem Ziel widmen. Ich selbst, etwas jünger als Sie, werde es mit meinen geringen Möglichkeiten und in meinem Arbeitsfeld zu tun versuchen. Und so mit Ihnen verbunden, grüße ich Sie aufrichtig mit allen guten Wünschen für die Zukunft.

Gestatten Sie mir, Ihnen – in meiner Denk-, Sprach- und Erfahrungsweise anzufügen: Möge der barmherzige Gott Sie segnen.

Ihr
U. D.

Berlin, 27. April 1990

Herrn
U. D.
Pfarrer

Sehr geehrter Herr Pfarrer D.!
Herzlichen Dank für Ihren freundlichen Brief.
Natürlich ist es wichtig zu wissen, daß man nicht umsonst gearbeitet hat.
Jetzt entwickelt sich eine neue, lange Zeit nicht gekannte Solidarität unter vielen Menschen.
Ich bin froh darüber, daß wir dabei Barrieren überwinden, die doch eigentlich künstlich errichtet wurden.
Wie nah wir uns doch in vielen Idealen sind! Lassen Sie uns gemeinsam, jeder nach seinen Möglichkeiten, für die Menschen dieses Landes nützlich sein.
Ich stimme Ihnen zu, wenn Sie feststellen, daß es noch immer oft an Verständnis und Toleranz fehlt.
Als Abgeordneter der PDS werde ich in der Volkskammer dafür wirken, das Erhaltenswerte der DDR in ein neues, besseres einiges deutsches Vaterland einzubringen.
Alles Gute für Sie!

Mit freundlichen Grüßen
H. Modrow

Rom, 24.4.90

Sehr verehrter Herr Ministerpräsident,
nur ein paar Sätze des Dankes für Ihren schönen Artikel in der ZEIT (»Abschied von der zweiten Heimat«). Er beschreibt das Denken über die Sowjetunion so genau in der Weise, wie ich es mir immer für uns Deutsche gewünscht hatte und noch wünsche. Es lagen so viele Chancen in der Nachkriegsentwicklung, und wir (die Bundesrepublikaner zuerst) haben sie so sehr versäumt, und tun es weiter. Manchmal spürt man fast ein Gefühl des Déjà Vu.

Was kann man dagegen tun? Vielleicht Russisch lernen.

Ihr sehr ergebener J. H. S.

25.4.1990

Lieber Hans Modrow!

Eigentlich sollte dieser Brief schon lange geschrieben sein, denn ich wollte »statt Blumen« mit Worten ein kleines Dankeschön sagen, für die umsichtige Arbeit, die Sie in den vergangenen Wochen, schließlich auch für mich und meine erwachsenen Kinder, geleistet haben.

Wir gehören wohl zu der »ärmsten Schicht« in unserem Lande: Ich lebe seit 5 Jahren allein mit meinen Kindern, da der Vater uns eintauschte gegen Jüngeres und Reicheres. Ich bin 53 Jahre und freischaffend tätig bisher auf dem Gebiet »Journalistik – Literatur«. Natürlich sind mir erstmal alle Felle weggeschwommen!!! Meine Kinder sind 31, 29, 25 und 19 Jahre alt. Bis auf den, der im November nach Hamburg übersiedelte, alle in der PDS!!! Eine interessante Familie, denke ich – der große ist Dipl.-Forsting., seine Frau auch, beide werden voraussichtlich bald arbeitslos, da sie in einem Militärbetrieb angestellt sind. Die anderen Kinder studieren alle – zwei in Dresden, einer in Hamburg!

Eigentlich konnte ich mich bisher immer auf meinen Humor

verlassen, auf den »Optimismus«, doch – nun scheint er mir verloren zu gehen! –!

Eine verrückte Idee: Wenn Sie und Ihre Annelies einmal ausspannen wollen, dann besuchen Sie uns doch einfach mal: Ich lebe hier im eigenen Haus ... Sie werden keine Reichtümer bei uns vorfinden, aber wahrscheinlich ein paar Menschen, mit denen Sie gut zurechtkommen. – Wir könnten Ihren bewundernswerten Optimismus soooo gut gebrauchen! –

Das war mein Blumenstrauß für Sie! Nochmals vielen Dank für alles und – es ist ganz einfach so gemeint, wie's geschrieben ist!

Mit herzlichen Grüßen!
O. B. und die
PDS-Studenten-Kinder.

Potsdam, 31.5.90

Werter Herr Modrow!

Ein Dankeschön ganz persönlicher Art für all' die Arbeit, die Sie in den letzten Wochen und Monaten für uns alle geleistet haben. Nicht, daß ich mit der SED oder PDS sympathisiere, **Ihnen** aber möchte ich Dank sagen, wünsche Ihnen auch noch viele ruhige, zufriedene Jahre in Ihrer Familie. – Die beigelegte Annonce drückt m. E. auf spaßige Art aus, welche Anerkennung Ihre Arbeit, Ihre Art, Ihr Einsatz in der Bevölkerung gefunden hat.

Alles Gute! R. L.

> **Bekanntschaften**
> West-Berlinerin (50) sucht Bekanntschaft mit DDR-Mann mit Interesse für Politik (evtl. PDS). Typ. Modrow. AZ 2895

Berlin, 9.4.90

Sehr geehrter Hans Modrow!

Ganz herzlich möchte ich Ihnen für Ihr so freundliches »Entlassungsschreiben« vom 2.4.1990 danken.

Nochmals möchte ich Ihnen ausdrücklich dafür danken, daß Sie als Ministerpräsident der Regierung der nationalen Verantwortung ein lauterer und fairer Kollege und Vorgesetzter gewesen sind.

Die Zeit vom 5.2.1990 bis zum März wird mir eine wichtige Zeit in meinem Leben bleiben. Daß dies so ist, verdanke ich zum großen Teil Ihnen.

Darum würde ich mich freuen, wenn wir auch außerhalb der Volkskammer Gelegenheit fänden, »miteinander zu tun zu haben«.

In dieser Hoffnung verbleibe ich

> mit vorzüglicher Hochachtung
> als Ihr Rainer Eppelmann

V. Mit Menschen so zusammenleben, daß man sich gegenseitig achtet

Im folgenden Abschnitt sind Briefe zu finden, die meist aus einer Spontansituation heraus geschrieben wurden.

Am 20. März hatte Günter Gaus Modrow als Gast in seine Sendung »Zur Person« im Deutschen Fernsehfunk eingeladen.

Es würde keinen Sinn machen, das Gespräch hier zu kommentieren, zumal es inzwischen protokolliert in einem Büchlein von Volk und Welt Berlin vorliegt.

Noch am gleichen Abend setzten sich viele Fernsehzuschauer hin und brachten ihre Gedanken zu Papier, um sie sofort Hans Modrow zu übermitteln.

Ein Arzt aus Lübeck schrieb: »Wie konnten Sie sich über die Jahre hinweg in einer Umgebung voller Menschen, die egoistisch den persönlichen Machterhalt über vielleicht initial selbst empfundene Ziele von der Verwirklichung des ›guten Menschen‹ (wie Sie es im Interview als Ihr Credo bezeichneten) stellen, also in einer recht rauhen Atmospäre, dennoch eine Sensibilität erhalten, die Sie heute zu – wie ich glaube – ehrlichen Skrupeln und nachdenklichen Betrachtungen befähigt?«

Die Antwort hatte Modrow eigentlich auf die Frage: »Was hat Sie davon abgehalten, ein Zyniker zu werden?« gegeben: »Vielleicht auch Charaktereigenschaften, über die man eigentlich schwer sprechen kann oder mit denen man selber seine Probleme hat. Vor allem: Das Verhältnis zu Menschen war bei mir stets so, daß ich davon ausgegangen bin, wenn man zynisch wird, verliert man vor allem an sich selber etwas. Und das ist es, was ich eigentlich nie wollte. Ich wollte eigentlich mit Menschen so zusammenleben können, daß man sich gegenseitig achtet. Wenn ich andere achte, müssen sie sich so benehmen, daß ich auch selber in Achtung bleiben kann ...«

Naumburg, 19.3.90

Lieber Herr Modrow!

Es ist sonst gar nicht meine Art, einen fremden Menschen mit »lieber« anzureden, aber bei Ihnen ist es mir ein Bedürfnis, und es kommt ganz von innen.

Ich habe gerade das Interview von Herrn Gaus mit Ihnen gesehen und möchte Ihnen unter diesem Eindruck meine Gedanken schreiben. Gern hätte ich das Geschick unseres Landes auch weiterhin in Ihren Händen gewußt.

Ihre ruhige und überlegte Art hätte uns gut getan. Doch es sollte nicht sein. Die Menschen mit der Deutschlandfahne und dem Reisekoffer in der Hand haben anderes gefordert. Sie haben diese Wahl nicht mit dem Kopf, sondern mit ihrem Magen entschieden. Es ist so deprimierend. Ich selbst habe auch nicht Ihre Partei gewählt, obwohl ich hin und wieder geneigt war, dies zu tun. Doch das alte Mißtrauen steckt noch zu tief und hat wohl gesiegt. So konnte ich meine Stimme nur dem »Bündnis 90« geben, weil es für mich die einzige Alternative zur Vergangenheit ist.

Ich finde es sehr wichtig, daß es Sie gibt – auch in Zukunft –, damit es nie wieder zu einer solchen Machtanmaßung kommen kann. Die Bürgerinitiativen sollen immer die Unruhigen in der irgendwann wieder ruhig werdenden politischen Landschaft sein.

Von Ihnen, Herr Modrow, wünsche ich mir, daß Sie in Zukunft ein weit leuchtender Stern der Humanität am Oppositionshimmel sein werden. Es gibt zuwenig Menschen, die sich ihre Ideale bewahren, wie Sie es tun. Bewahren Sie ihren Optimismus und Ihren Glauben an das Gute im Menschen, den Sie, wie ich glaube, haben müssen, um so zu bleiben, wie Sie sind.

Obwohl das derzeitige Wahlergebnis vielleicht anderes ausdrücken mag, bin ich mir sicher, daß sehr viele Menschen in der DDR (und auch in anderen Ländern) ihr Vertrauen gern Ihnen geschenkt hätten. Helfen Sie, zu beweisen, daß die PDS sich von der Vergangenheit der SED total getrennt hat und unser Vertrauen verdient. Nur Sie können es überzeugend.

Ich möchte Sie nicht länger aufhalten, denn sicher haben Sie Wichtigeres zu tun, als meinen Brief zu lesen.

So vieles möchte ich Ihnen noch sagen, doch es ist nicht leicht, all die Gedanken und Wünsche für eine Zukunft, wie ich sie mir vorstellen möchte, in Worte zu fassen.

Ich hätte mir eine freie DDR gewünscht, die einen neuen Weg geht, die aus so vielen Fehlern hätte lernen können, die unter einem Hans Modrow ein wirklicher Friedensstaat hätte werden können. Das klingt vielleicht naiv, weil es mit diesen Menschen nicht zu realisieren ist, wie man sieht. Ein Freund hat vor einigen Jahren mal ein Lied geschrieben, in dem es um ein solches Land geht ...

»Das Wappen ist die Taube, himmelblau
der Untergrund und die Hymne ist vielleicht
die 9. Sinfonie ...
Irgendwann, wenn der Mensch die **Gier**
besiegt hat ...«
Das ist wohl die Wurzel des Übels.

Ich glaube, wir haben die große Chance verspielt. Hiergeblieben bin ich, weil ich vieles in der BRD nicht akzeptieren kann, wie es ist und ... nun kommt es zu mir.

Doch ich wollte zum Ende kommen.

Was wünscht man einem Mann wie Ihnen?
– die Stärke, das hinzunehmen,
   was sich nicht ändern läßt,
– den Mut, das zu ändern,
   was zu ändern ist,
– die Weisheit, das eine vom
   anderen zu unterscheiden!

Für Ihre und unser aller Zukunft das Beste hoffend,
grüßt Sie herzlichst

Kerstin Panknin

Berlin, 20.3.90

Sehr geehrter Herr Dr. Modrow,
ich habe soeben die Sendung des Herrn Gaus gesehen, in der Sie auf seine Fragen geantwortet haben. Ich möchte Ihnen sagen, daß ich tief bewegt von Ihrer Art bin, in der Sie über sich und über andere gesprochen haben. Sie haben zum Abschluß die sehr schwere Antwort auf die Frage, welcher Verlust an – ich bekomme dies jetzt trotz der Kürze der Zeit schon nicht mehr korrekt zusammen – Hoffnung, Ideal Sie am meisten getroffen hätte. Da fiel das Wort von der Versöhnung, die nicht möglich geblieben sei, von der Bereitschaft, einem anderen den Neuanfang zu ermöglichen. So ähnlich, nur viel genauer und besser, haben Sie es sagen können.

Herr Modrow, was Sie mit diesem kurzen Schlußwort gesagt haben, das habe ich in meinem Leben, das genau so lang wie das Ihre ist, noch nie aus dem Munde irgendeines Politikers, eines »großen« wie eines »kleinen« gehört. Vielmehr – und das kann ich Ihnen – leider – aus einer langen und bitteren Lebenserfahrung sagen, weiß ich vom Zynismus, der uns geprägt hat, und dem wir, anders als Sie, nicht genug Kraft entgegengesetzt haben, so daß er unser Verhalten untereinander so weitgehend verätzt hat, »bitteschön, auch mein eigenes«, hätten Sie vielleicht, wie im Interview, jetzt gesagt.

Ich versuche, Ihnen diesen Dank auszudrücken und hoffe, daß die Post mir dabei trotz unvollständiger Anschrift hilft. Was wäre es für ein Gewinn, hätten wir Sie als Politiker in unserer sogenannten »Parteienlandschaft«.

Ihr
Klaus Schwerk

Schwedt, 20.3.90

Lieber Ministerpräsident Hans Modrow!

Ich sehe das Interview mit Herrn Gaus und Ihnen und verspüre das Bedürfnis, Ihnen zu schreiben.

Ich bin 36 Jahre alt und eigentlich mit Leib und Seele DDR-Bürgerin. Die Ereignisse nach dem 7. Oktober 1989 habe ich als hoffnungsvolle Befreiung empfunden, der aber am 9. November eine entscheidende, andere Richtung gegeben wurde.

Ihren persönlichen Eisnatz habe ich und mit mir meine Familie immer bewundert. Sie haben versucht, mit Würde und Anstand durch die Wirrnisse der DDR-Politik zu kommen, und spätestens beim Schlichten der Fronten beim Sturm der Stasi-Zentrale in der Normannenstraße zogen wir den Hut vor Ihnen!

Ich hätte mir günstigere Bedingungen für Ihre Amtszeit gewünscht und bedauere zutiefst, daß diese mit der Wahl am 18. März zu Ende gegangen ist.

Eine Freundin der SED bin ich nie gewesen, und ich weiß auch bis heute noch nicht, ob ich je eine der PDS sein kann. Eines aber weiß ich genau, solange Menschen wie Modrow und Gysi diese Partei prägen, kann sie nicht schlecht sein für DDR-Bürger.

Und noch eines: Auch wenn die Zukunft meiner Familie sehr unsicher ist und sich Dinge, die wir begrüßen, mit denen, die wir nicht wollten, mischen werden, die Achtung vor Ihnen wird bleiben und damit ein gutes Stück Erinnerung an Vergangenes in der DDR.

Mit freundlichen Grüßen
L. Sch.

Olbernhau, 20.3.90

Werter Hans Modrow!

Eben sah ich Sie im Gespräch mit Günter Gaus. Mich haben Ihre Worte sehr bewegt, und ich danke Ihnen. Für Ihre Worte und alles, was Sie in den vergangenen Wochen und Monaten für uns getan haben, daß Sie uns DDR-Leute würdig vertraten und weise handelten.

Wissen Sie, ich bin Christ und habe überlegt, wie Gott zu Ihnen stehen könnte. Er wird ja eines Tages danach richten, ob sich die Menschen für oder gegen Jesus entschieden.

Es gibt aber auch nichtchristliche Leute, denen das Gesetz (Gebote) ins Herz gelegt wurde, die einfach das tun, was Gott eigentlich will. Diese werden dann nach ihrem Gewissen gerichtet, danach, ob es ehrlich zum eigenen Herzen war. Vielleicht sehen wir alle uns eines Tages wieder?

Doch noch sind wir auf der Erde und leben nach dem Grundsatz von D. Bonhoefer: »Mag sein, daß der jüngste Tag morgen anbricht, dann wollen wir gern die Arbeit für eine bessere Zukunft aus der Hand legen, vorher aber nicht.«

In diesem Sinne grüßt Sie herzlich

S. G.

Dresden, 22. März 1990

Sehr geehrter Herr Dr. Modrow!

Noch immer sehr beeindruckt von Ihren Aussagen während des Interviews zwischen Ihnen und Herrn Gaus im Deutschen Fernsehfunk am 20. 3. 1990, ist es mir heute einfach ein Herzensbedürfnis, Ihnen einmal zu schreiben und meine Gedanken dazu zu äußern.

Sie waren mir vor Ihrem Antritt als Ministerpräsident zunächst nur von Ihrem Namen her bekannt, aber als ich Sie per Bildschirm kennenlernte, stiegen meine Anerkennung und Hochachtung für Sie von Tag zu Tag. Ich habe Sie bewundert, wie Sie all den Streß durchstanden, Konfliktsituationen meisterten, versuchten, zu retten, was noch zu retten war, so vielen Anfeindungen und Verleumdungen widerstanden. Oft hatten wir große Sorgen um Sie und Ihre Gesundheit. Aber Sie haben es geschafft, haben durchgehalten bis zum »bitteren Ende«. Ich möchte Ihnen heute für Ihren fast pausenlosen Einsatz danken, Ihr ganz persönliches Engagement und all die Dinge, die wahr werden konnten, die es jedoch ohne Ihre Entscheidung niemals gegeben hätte. Ich will hier keine Einzelheiten aufschreiben, Sie wissen selbst nur zu gut um die Dinge.

Danken möchte ich Ihnen jedoch ganz besonders für Ihre Schlichtheit und Ihre Menschlichkeit, die Sie sich – trotz Ihres so wenig rühmlichen Umfeldes – bewahrten. Das zeichnet Sie aus und unterscheidet Sie eindeutig von vielen anderen Politikern.

Ich teile Ihre Empfindungen, die sich darauf beziehen, daß uns so viele Menschen enttäuschten, daß sie ihre Ideale so schnell für's »große Geld« aufgaben.

Ein Beispiel möchte ich Ihnen aus meinem Leben nennen. Als ich vor ein paar Jahren erstmals Verwandte und gute Bekannte aus der BRD bei uns zu Hause zu Besuch hatte, sagten mir alle – aber ganz unabhängig voneinander – in Gesprächen: »Ihr habt alle eine Herzlichkeit untereinander. Ihr geht so gelockert miteinander um. Das gibt es bei uns nicht. Bei uns regiert Geld die Welt, und jeder ist sich selbst der Nächste.« Damals war ich sehr stolz über diese Worte. Ja, ich empfand auch, daß wir herzlich untereinander waren (Ausnahmen gibt es hüben wie drüben). Aber mit Beginn der Wende sollte ich ganz schnell eines besseren belehrt werden. Auch ich mußte nun erkennen, je mehr die Dinge voranschritten, in anfangs nicht gewollte Bahnen gerieten, um so schneller veränderten sich die Menschen, wenn auch nicht alle, aber die Mehrzahl, soweit ich Menschen in meinem unmittelbaren Umkreis beurteilen kann. Und ich mußte auch die schmerzliche Erfahrung machen, daß die »Herzlichkeit« trügerisch war und zum Teil doch nur daraus entstanden war, daß man einander brauchte, um hier »überleben« zu können.

In der Vergangenheit, also bevor die nun 4 Tage alte Entscheidung fiel, gab es regelrechte »Kämpfe« unter und mit Menschen, die einem nahestehen. Man wurde beschimpft, wenn man sich nicht der Meinung der Mehrheit anschloß, ja man wurde belächelt, für naiv gehalten und als »die Ausnahme« bezeichnet. So etwas gräbt tiefe Wunden ... Für mich aber zählen menschliche Werte, ein bescheidenes Glück und nicht Machtstreben und Reichtum. Deshalb fällt es mir jetzt auch ganz besonders schwer, mich mit der völlig neuen Situation zurechtzufinden. Auch ich habe an eine Zweistaatlichkeit geglaubt ...

Natürlich bin ich auch realistisch und sah, daß es so in der Wirtschaft nicht weitergehen konnte. Das »Eingesperrtsein« war unnatürlich und die Überwachung kriminell. Auch ich war ein »bewachtes Kind«, da ich vor Jahren eine nicht unwichtige Anstellung im kirchlichen Dienst hatte. Ich gebe zu, mich hat das sehr belastet, aber es war eben nicht vordergründig für mich; doch jeder Mensch besitzt eine eigene Mentalität, und das ist auch gut so. Wie sonst wäre es zur Wende gekommen? –

Trotz aller Verbrechen, die geschehen sind, des vielen Leid's, das unzählige Menschen und Familien in der Vergangenheit getroffen hat, schmerzt auch mich der Abschied von der DDR; sie war meine Heimat. Und so fällt es mir sehr, sehr schwer, mich damit abzufinden, daß nun auch unsere Heimat eine »Wohlstandsgesellschaft« werden soll. Ich kann nur hoffen, daß sich noch viele Menschen ihrer alten Ideale besinnen, die wahren menschlichen Werte des Lebens erkennen und vor allem den Blick für die neben uns, die, die nicht mal das Minimum zum Leben haben, nicht verlieren.

Auch Sie denken so, ich durfte es Ihren Worten entnehmen, und diese machten mich froh und zuversichtlich.

Welch edlen Charakter Sie besitzen, machte mir auch Ihre Haltung zum Problem Erich Honecker deutlich. Hier handelt es sich wirklich um eine »menschliche Tragödie«, um Ihre Worte zu wiederholen. Ich sehe es vom christlichen Standpunkt (ich gehöre der kath. Kirche an) und bleibe dabei, daß die Kirche weder Richter noch Kläger sein darf; sie muß Barmherzigkeit üben, wenn sie glaubhaft sein will. In der Heiligen Schrift gab es auch einen SAULUS, der zum PAULUS wurde ... Daß ich seine Handlungen verurteile und geradezu verabscheue, ist jedoch selbstverständlich, aber ich habe nicht über Herrn Honekker zu richten. Ich glaube, er ist jetzt bestraft genug in seiner totalen Zurückgezogenheit und Isolierung und wohl nun ärmer als wir alle zusammen. –

Sie sind Atheist, ich Christ, und doch verbinden uns ganz gleiche Ideale. Ich weiß, daß Sie gerade auch deshalb in kirchlichen Kreisen geschätzt und geachtet, ja bewundert werden.

Möge Ihnen das für Ihr weiteres Leben Kraft geben. Behalten Sie sich Ihre wohltuende Natürlichkeit und vor allem Ihre Menschlichkeit, Ihren Blick für Gerechtigkeit.

Und so möchte ich mit den Worten von Bruno H. Bürgel meine Gedanken beschließen:

»Die meisten Menschen verlangen zuviel vom Leben,
mehr, als es unter normalen Umständen gewähren kann.

Sie verachten die kleinen Freuden auf der Jagd nach den großen.
Die Kunst besteht aber darin, diese kleinen Freuden überhaupt zu sehen, zu finden und zu empfinden.«

Ihnen dankend
hochachtungsvoll
U. U.

Garbsen, 23. 3. 1990

Sehr geehrter Herr Dr. Modrow,
vor rund fünfundzwanzig Jahren habe ich die DDR verlassen. Für meine Frau und mich ist sie immer die Heimat geblieben. Unser Interesse galt immer der Entwicklung.

Nun schreibe ich, siebenundsechzig Jahre alt, zum ersten Mal an einen Politiker.

Die Ereignisse der letzten Monate, Ihr persönliches Wirken, haben mich beeindruckt. Es gibt wenige Politiker, die ein derart menschliches und ehrliches Verhalten zeigen.

Ihr Einsatz für die Menschen in der DDR, für die Entwicklung in der DDR, nötigt hohe Achtung ab. Dafür möchte ich Ihnen danken. Das Wahlergebnis konnte meine Erwartungen nicht erfüllen. Das relativ gute Abschneiden der PDS kann Hoffnungen wecken. Ihr persönliches Wahlergebnis stand außer Zweifel. Menschlichkeit, Ehrlichkeit, auch Treue zur Partei, wenn es einmal nicht so gut aussieht, zahlen sich immer aus.

Ihre Sendung im DFF »Zur Person« haben wir verfolgt. Unsere Überzeugung, unsere Achtung für Sie persönlich wurde verstärkt.

Eine Hymne soll es nicht sein. Das würde Ihnen wohl auch nicht passen. Wir möchten Ihnen danken für all das, was

Sie in der Vergangenheit getan haben, Ihnen persönlich alles Gute wünschen, Gesundheit und Kraft für Ihre weitere Arbeit.

Mit freundlichen Grüßen
Ihr
E. R.

Köln, 27.3.90

Sehr geehrter Herr Modrow!
(der Name sagt mir mehr als der Titel, als das Amt, das Sie ja leider bald verlieren werden.)

Es ist ganz unglaublich, welche Art von Fragen Günter Gaus stellen kann, aber noch unglaublicher ist es, welche Glaubwürdigkeit bei Ihnen sichtbar wird durch diese Fragen. Ich muß Ihnen das noch einmal schreiben nach meinem Brief vom 14. 2., in dem ich meiner Scham Ausdruck gab über die Kohl'sche Selbstherrlichkeit. Sie sollen wissen, daß es auch unter den »Wessis« Menschen gibt, die Ihre Leistung dieser wenigen Wochen sehr hoch einschätzen.

Es ist sicher unglücklich für die kommende Gemeinsamkeit, daß diese Ihre Kraft in der DDR schon jetzt durch die DM zugedeckt wird. Wir könnten soviel von Ihnen lernen und übernehmen.

Aber noch einmal zu Ihnen selbst: Daß Sie einem Gaus, der m. E. unser bester Frager ist und auch aus solchen großen Menschen wie Heinemann, Brandt und Weizsäcker Wesentliches herausholen kann, daß Sie diesem Fragenden so offene, so unpopuläre Antworten geben können! Sie müssen in der Politik bleiben, Sie müssen sich weiter artikulieren, Sie müssen auch in der PDS bleiben, – obwohl mir als SPD-Mitglied die SPD-DDR vielleicht näher steht, sage ich das so. Nicht die Parteien sind wichtig, sondern die Menschen wie Heinemann, Ehlers, Brandt, Eppler, v. Weizsäcker und eben auch Hans Modrow. Ich freue mich darüber, daß Sie in unserer – annehmbaren – Presse wenigstens eine gute Stellung haben.

Und noch eins: Mit welch einer gesinnungsvornehmen Art Sie mit dem Menschen Erich Honecker, über den jetzt alle herfallen, umgehen, sollte für uns ein Beispiel sein für einen neuen Anfang. Wir sollten erkennen lernen, daß das Wollen und Streben eines Menschen wichtiger ist als das Versagen. Sie haben sicher unter diesem Menschen viel gelitten, aber Sie haben ihn geachtet als vor sich selbst aufrechten Mann. Sie sagten ja, daß er eine tragische Figur ist.

Mit den besten Wünschen für Ihr persönliches Wohlergehen

Ihr H. v. Z.

VI. »Sie müssen weitermachen, weil Sie gebraucht werden«

In Zeiten, in denen alles wahr sein kann, ist es leicht, die Wahrheit zu sagen, meint ein kluger Aphorismus.

Solche Zeiten sind deshalb sehr verführerisch, besonders für Demagogen, wie die jüngste Geschichte zeigt.

Die ehemaligen DDR-Menschen haben in den vergangenen Monaten so unendlich viele Wahrheiten über sich ergehen lassen müssen, und jede nahm für sich in Anspruch, sie sei die einzig gültige. Und während geredet und versprochen wurde, gestritten und geschimpft, gebrüllt und geflüstert, brach ein auf Unendlichkeit berechnetes System zusammen, eine Revolution aus und ein neues demokratisches Zeitalter an. Am Ende der 40jährigen Geschichte seiner Republik durfte der DDR-Bürger sieben Monate freien Parlamentarismus »Made in GDR« erleben. Und was für welchen ...

Die Live-Übertragungen des Hörfunks und des Fernsehens aus der Volkskammer hatten stets hohe Einschaltquoten. Nicht selten waren sie von großem Unterhaltungswert. Unübertrefflich, wie zum Beispiel Volkskammerpräsidentin und Staatsoberhaupt, Frau Bergmann-Pohl, mit schönster Betonung und wohlgesetzten Worten in Anwesenheit des Bundespräsidenten eine falsche Tagesordnung verlas, die ihr jemand untergeschoben hatte.

Der Palast der Republik, in dem das Parlament tagte, glich oft einer Festung im Verteidigungszustand, soviel Polizei ließ der damalige Innenminister auffahren. Gegen wen, wußte eigentlich niemand – die Polizisten am allerwenigsten. Aber schon vor der Wende war Befehl Befehl, warum nicht auch danach?

Die teuren Importstaatskarossen der alten Herren, hatten ihre Liebhaber unter den neuen gefunden. Und was die Großen konnten, konnten auch die Kleinen: Immer mehr Volksvertreter reisten mit Leihwagen großer deutscher Firmenmarken an.

Halt! Tun wir nicht so, als sei das Parlament, das aus den Wahlen am 18. März hervorgegangen war, keine ernsthafte Angelegenheit.

Es machte sich zum Beispiel einstimmig stark, um die Stasiakten im Lande zu behalten. Der Einigungsvertrag wurde ausführlich debattiert und nicht einfach nur so hingenommen. Kurz vor Ultimo ließ die Präsidentin sogar durchblicken, es könnte mit der Zustimmung Probleme geben, wenn man nicht in Bonn an eine angemessene finanzielle Sicherstellung jener Exparlamentarier dächte, die nicht zu den 142 östlichen Vertretern im Bundestag gehörten, die bis zum 2. Dezember rübergingen, wie es im Fachjargon hieß.

Hans Modrow bekam in jenen Tagen einen Brief, in dem stand: »Wenn ich Sie in der Volkskammer sehe, bin ich ruhiger ...«

Modrow griff nur selten in die Debatten ein. Das hatte seinen Grund: Ein ihm offensichtlich zugetaner Minister warnte ihn vor den Hinterbänklern seiner Fraktion, die sich bei seinen Reden durch Zwischenrufe und Unmutsäußerungen profilieren wollten. Eine Kostprobe erlebte er bei der Debatte am 17. Juni, als ein Antrag auf sofortigen Beitritt der DDR zur Bundesrepublik eingebracht worden war.

Dafür genoß er den uneingeschränkten Respekt des Ministerpräsidenten de Maizière, mit dem er zur Verwunderung schon erwähnter Hinterbänkler per Du war; dazu die Hochachtung vieler maßgeblicher Leute aus allen Fraktionen.

Seinen jungen Fraktionskolleginnen war er ein guter Lehrer. Eine sagte fast schwärmerisch von ihm: »Er ist jemand, an den man sich nicht nur anlehnen möchte, sondern an den man sich auch anlehnen kann ...«

Modrow blieb auch als Oppositionspolitiker ein interessanter Interviewpartner für in- und ausländische Journalisten. Viele Gesetzentwürfe, Anfragen und Initiativen, vor allem zu sozialökonomischen Problemen, die von der PDS-Fraktion eingebracht wurden, trugen mit seine Handschrift. Mit anerkannter Sachkompetenz arbeiteten Modrow und viele seiner Fraktionskollegen in den Ausschüssen der Volkskammer mit. Ihm kamen dabei besonders die Erfahrungen der vorangegangenen Monate als Regierungschef zugute. Überhaupt machte die Volkskammer hinter den Kulissen, also gerade in den Ausschüssen, einen wesentlichen sachlicheren Eindruck als bei den ungeübten Redeschlachten im Plenum, die manchmal versucht wurden. Weil es eben zur Demokratie gehörte, wie manche meinten. Auch in den Tagungs- oder Raucherpausen standen die Vertreter der Regierungskoalition nicht selten einträchtig in vertrautem Gespräch mit der PDS-Opposition beieinander. Da war schon noch ein Rest von verbindender DDR-Identität.

In den letzten Tagungen des DDR-Parlaments lag dann sogar ein Hauch Wehmut über dem Plenarsaal, und man arbeitete so ernsthaft, als wäre dadurch das Ende noch hinauszuschieben gewesen.

Modrow lagen im Parlament aber nicht nur die sozialökonomischen Probleme seiner Mitbürger am Herzen, die auftraten, als die DDR sich auf den Weg in die größere deutsche Republik machte. Sein Interesse galt und gilt besonders den Auswirkungen der deutschen Vereinigung auf die internationalen Prozesse. Er wußte aus seiner Regierungszeit, wie sensibel diese Fragen sind und wie groß die Gefahr, daß sich Deutschland über Jahre nur mit sich selbst beschäftigt und vor allem seine östlichen Nachbarn vergißt. Noch ist real nicht ausgeschlossen, daß sich die ehemalige innerdeutsche Mauer nur ein paar Dutzend Kilometer weiter nach Osten verschiebt.

Nach wie vor ist Hans Modrow ein im Ausland sehr gern gesehener Gast. Seine Meinung ist auf internationalen Tagungen und Kolloquien gefragt.

»Sie müssen weitermachen, weil Sie gebraucht werden«, heißt es in einem der Briefe, die diese Auswahl beschließen. Ob er zum Weitermachen unbedingt Parlamentarier bleiben muß, sei dahingestellt. Es gäbe auch genügend andere Möglichkeiten für ihn, das politische Leben in Deutschland zu bereichern und dabei ein Anwalt der Interessen des Volkes zu bleiben.

Und so ist möglicherweise auch dieses Buch nicht abgeschlossen und könnte aktuelle Erweiterung finden, falls das Leserinteresse es verlangt.

An Briefen an Modrow jedenfalls wird es auch weiterhin nicht mangeln.

Offenau, 19.3.1990

Herr Modrow,
zu den 16% Ihrer Partei herzlichen Glückwunsch! Und zu den Wählern, die die 16% ermöglicht haben. Sie müssen weitermachen, weil Sie gebraucht werden, denn in Zukunft wird aus Hosianna kreuzige ihn; in den kommenden Wahlen im Mai wird es sich zeigen, mancher Wähler wird aufwachen müssen aus dem Rausch der Prediger, spätestens, wenn die Schafskleider dem Wolfspelz weichen und Versprechen eingelöst werden sollen. Die Erfahrung lehrt: Worte sind Schall und Rauch.

Mit freundlichem Gruß
Sofie Kassner

Oldenburg, den 7.4.90

Sehr geehrter Herr Modrow!

Gestern hatten wir die Ehre, Sie zusammen mit einer unserer schönsten und beliebtesten Moderatorinnen im Fernsehen zu sehen. Der Name Rosh allein ist schon ein »Gütesiegel!« besonderer Art!

Wenn ich Ihnen so zuhörte, saß da nicht ein Mann, der Jahrzehnte mit dafür gesorgt hat, daß diese schlimmen Zustände in der »DDR« entstehen konnten, sondern jemand, der ein ganz toller Politiker ist, der bestenfalls nur von Gorbatschow und Jaruselski übertroffen werden kann. Da sitzt jemand, der nie was vom Stasi wußte, der keine Ahnung von den Morden in den KZ der Sowj. Zone wußte, der auch nicht weiß, was alles auf das Konto von Stalin geht. Da tönte so ein Mensch nun herum, als ob er der große King und Retter der »DDR« wäre. Wen wundert es, daß auch sein Lieblingsthema die Anerkennung der Oder-Neiße ist!

Sie stammen aus dem alten deutschen Dorf Jasenitz, das sich z. Z. unter Poln. Herrschaft befindet. Ich selbst kenne Jasenitz (den poln. Namen überlasse ich Ihnen, Sie waren sicher nicht in Warschau, sondern in Warzawa!) recht gut, ebenso Ziegenort, Falkenwalde, Pölitz und alle Dörfer bis Stettin (Verzeihung SZCZECIN). Das Holz für »unser« Haus stammt aus dem Echter Wald, ein Zimmermann aus Falkenwalde hat es gebaut.

1945 hat es die Befreiung durch Ihre sow. und poln. Freunde heil überstanden, jetzt, bei unseren Besuchen 1976, 80 und 85 ist es nur ein Schatten seiner selbst. Mein Großvater väterlicherseits stammt aus J. Er war einer der 3200 Einwohner. Würde er noch leben, könnte er sicher über Ihre Familie berichten. Aber leider wurde er im Nov. 45 von den Befreiern verhaftet und im Stettiner Gefängnis zu Tode gequält, zusammen mit anderen Jasenitzern. Mütterlicherseits kommen wir auch ganz aus Ihrer Nähe. 400 Menschen erlebten den Einmarsch der lieben Befreier, in den ersten 8 Wochen danach sind 42 davon gestorben worden, weitere 19 waren es noch bis zur endgültigen Vertreibung. Wenn Sie sich in der Talk-Show auf Jalta und Potsdam bezogen, haben Sie wieder mal gelogen, denn dort war »nur« von der Oder und Neiße (wobei die hellen Köpfe, unter Ihnen der noch vor Hitler größte Mörder aller Zeiten Stalin und der todkranke Roosvelt nicht unter Lausitzer und Glatzer Neiße unterscheiden konnten od. wollten!) die Rede, nicht aber von West-Stettin, Westwindmünde! Das sind alles Geschenke zusätzlich an die ach so lieben Polen: Stettin-West und 17 urdeutsche Dörfer, darunter Jasenitz! Es gab ja sogar mal Bestrebungen der Ostzonen-Regierung, von den lieben Polen zumindest diese Gebiete westlich der Oder zurückzubekommen. Dazu haben Sie aber sicher nicht gehört, denn ein so waschechter Kommunist kann ja gar nicht deutsch denken.

Ich finde es schlimm, wenn sog. Politiker in West- und Mitteldeutschland kalt lächelnd bereit sind, ein so einmalig schlimmes Unrecht wie die Vertreibung anerkennen wollen, ohne auch nur den Versuch zu machen, etwas von unserem Vaterland zu retten. Kein Pole, kein Franzose od. anderer würde so handeln. Täte er es doch, fände er keine Resonanz in seinem Land, ja, er müßte – zu recht – mit scharfer Gegnerschaft rechnen. In einem sind sich fast alle Politiker in beiden Teilen Deutschlands gleich: entweder schlagen sie drauf (siehe Einmarsch in CSSR) od. kriechen in den Hintern von Russen, Polen und anderen! Hier bei uns ist Genscher der schlimmste!

Versailles war schlimm und legte den Grundstock zum 2. Weltkrieg, kam so also Hitler sehr gelegen. Eine heutige Anerkennung des Unrechts wird ähnlich Folgen haben, denn Unrecht hat noch nie zum Frieden geführt.

Meinen Namen, lieber pommerscher Landsmann aus Jasenitz, kann ich Ihnen leider nicht nennen. Ich habe einfach Angst, denn der Arm des Stasi – von dem Sie natürlich nichts wußten – reicht mit Sicherheit auch heute noch weit, und ich möchte gern einigermaßen unbehelligt meine Heimat – z. Z. poln. besetzt – und auch die Noch-DDR besuchen.

Auch nach Jasenitz werde ich fahren!

Sie sollten sich schämen, hier im freien Teil Deutschlands so große Töne zu spucken, wo Sie doch so viel Dreck am Stecken haben.

Am besten Sie ziehen zu Honni und mit ihm gemeinsam zu Gorbi! Doch kommen Sie bitte nicht zu uns, wir haben selbst genug schäbige Leute im Land, auch einige aus Mitteldeutschland!

PS.: Legen Sie mal einen Kranz an den Gräbern der z. B. bei Brandenburg umgebrachten deutschen SED-Opfer. Mein Onkel liegt dort auch!

Mit pommerschem Gruß
Unterschrift unleserlich

Königs Wusterhausen, 8.4.1990

Sehr geehrter Herr Dr. Modrow!

Heute möchte ich Ihnen schreiben und Ihnen im Namen meiner Familie für Ihre schwere Arbeit als Ministerpräsident der DDR danken. Sind Sie mir böse, wenn Sie erfahren, daß wir Ihnen den Reformwillen und die Fähigkeit, unabhängig von engen Parteiinteressen zu wirken, erst nicht zugetraut haben? Als Sie Ehrenvorsitzender der PDS wurden, waren wir aber alle schon auf Ihrer Seite, weil wir auf der Seite der DDR sind.

Ich habe die Volkskammersitzung verfolgt. Und ich habe mich eigentlich schon wieder ärgern müssen über einige Gesichter, aus denen unverhohlen die Absicht zu sehen war, jetzt den Spieß umzukehren und sich an allen zu rächen, die jemals der SED angehört haben. Und so habe ich vorausgesehen, daß man Sie nicht zum Präsidenten der Volkskammer wählen würde, ja, nicht mal zu einem der Vizepräsidenten. Man hat schon wieder Angst – diesmal vor dem Können. Bitte, machen Sie sich nichts draus. Diese neue Volkskammer wird auch lernen müssen, daß sie nur nach Können entscheiden kann. Ich hoffe, daß Sie allen Abgeordneten der PDS zur Seite stehen werden, damit alle diese kommunistischen Tugenden, wie Geduld, Überzeugungskraft, Streben nach unparteiischem Urteil, nach fachlichem Können, erwerben. Wenngleich vielleicht das Wort »kommunistisch« zur Zeit sehr in Zweifel gezogen wird – für mich ist es immer noch im Sinne des Manifestes gültig.

Ich selbst bin 1969 aus der SED ausgeschlossen worden, habe das zwar sehr bedauert, weil dort eigentlich meine Heimat war. Aber ich wollte nie wieder in eine Partei eintreten. Ich habe in meinem Betrieb deutlich die Mängel an den Genossen erkannt. Leider habe ich nie wahrhaben wollen, daß fachliche Inkompetenz schon lange unser Land regiert hat. Ich selbst konnte gute und richtige Ideen manchmal verwirklichen, aber in den letzten Jahren nur mit sehr großen Anstrengungen, weil man gegen eine Mafia angehen mußte. Jedenfalls wollte ich nicht als Untergebener im Betrieb mit solchen Leuten in einer Partei sein.

Jetzt habe ich mich gründlich umgesehen. In der PDS sind von den Genossen nur die geblieben, die ich schon immer gut fand. Und wie die PDS den Wahlkampf geführt hat – das hat mir imponiert. Die Antwort auf Fragen kommen nicht mehr wie aus der Pistole geschossen – sie werden erstritten. Plötzlich hört man neue, kühne Vorschläge, sieht ganz einfache Zusammenhänge. Für unser Land, das auch bei einer Vereinigung beider deutscher Staaten etwas mitbringt, möchte ich gern mitarbeiten. Ich muß zwar auch wieder umlernen, darf nicht so ungeduldig sein. Aber für wirkliche Demokratie, für soziale Gerechtigkeit für alle Menschen lohnt sich Anstrengung.

Ich habe den Aufnahmeantrag für die PDS schon ausgefüllt, morgen ist Versammlung in der Basisgruppe. Bitte drücken Sie mir die Daumen, daß sie mich aufnehmen.

Und sagen Sie bitte auch dem Dr. Gysi, daß ich jetzt eintreten will. Wir haben uns am 16. 3. 1990 in Köpenick darüber unterhalten.

Viele Grüße!
Ihre Gesine Reinwarth

Jena, 20. 4. 1990
Lieber Hans Modrow!

Ich habe heute vormittag die Debatte zur Regierungserklärung Lothar de Maizières am Bildschirm miterlebt. Ich war zutiefst entsetzt und abgestoßen von den anmaßenden Angriffen des Abgeordneten Walter, DSU, sowie weiteren Allianzvertretern unter anderem gegen Dich und Deine Regierungsverantwortung in der schweren Zeit ab November 89. Ich glaube, das war weit unter der Gürtellinie und hat auch nicht nur PDS-Abgeordnete (z. B. Ibrahim Böhme) »auf die Pappel« gebracht.

Ich möchte Dir und allen PDS-Vertretern in der Volkskammer meine aufrichtige Hochachtung für Eure Arbeit aussprechen. Laßt Euch durch derartige Verunglimpfungen nicht von unserem aufrechten Gang in die Einheit abbringen. Gregor Gysi hat nicht gleiches mit gleichem vergolten, sondern sich einmal mehr treffsicher mit inhaltlichen Punkten der Regierungserklärung, das war ja das Thema und der Sinn der Debatte, auseinandergesetzt. Dem hatte die DSU nichts Gleichartiges entgegenzubringen.
Bleibt stark und gesund!!

Mit freundlichen Grüßen
Claudia Metelkow

Hamburg, 28.4.1990

Sehr geehrter, lieber Herr Modrow!
Bitte nehmen Sie es nicht als Aufdringlichkeit, wenn ich Ihnen kurz schreibe. Wir durchleben ja wirklich ungewöhnliche Zeiten – ganz besonders, was Worte und Haltungen in Ihrem Lande angeht. Es ist so ganz anders, als man es eigentlich erwartet hätte: Der neue Ministerpräsident (CDU) warnt u. a. vor einem neuen »antisozialistischen Opportunismus«, und Sie schlagen in mehreren Folgen der »ZEIT« Töne an, die uns ebenfalls allen wohltun.

Ich möchte Ihnen – auch im Namen meiner Frau und unserer erwachsenen Kinder – ganz herzlich danken für die Art, wie Sie versuchen, Schuld und Neuanfang gerecht zu werden. Der Beifall für Sie in der Volkskammer hat uns wohlgetan; wir hoffen, daß er zu dem inneren Frieden bei Ihnen und bei uns beiträgt ...

Mich bewegt die Frage, wie das, was als »Sozialismus« uns aus dem vorigen Jahrhundert überkommen ist, nicht einfach »den Bach runtergeht«. Trotz Stalinismus bleibt die versuchliche Gefahr für uns der Nationalismus. Der Kommunismus (und alle irgendwie geartete »Linke«) ist noch nie eine **innere, geistige** Gefahr für unser Land in Ost und West gewesen ...

Aber leider stellt sich (fast) überall der Sozialismus in einer Weise dar, wie man ihn nicht vertreten kann. Hoffnung (ein bißchen) gibt mir die aufrichtige unprofessionelle Art der Politiker in Ihrem Land. Möge sie uns allen über den Tag X erhalten bleiben und zugute kommen!

Und Sie, lieber Herr Modrow, auch!

Ihr Wilhelm Rothe

Dessau, den 12.6.90

Werter Genosse Modrow!

Dieser Brief sollte schon lange geschrieben sein. Schon vor Monaten hatte ich mir vorgenommen, Dir und auch dem Genossen Gysi und allen anderen Genossen im Vorstand zu danken dafür, daß Ihr nicht zugelassen habt, daß die Partei sich auflöst. So richtig weiß ich erst heute, welche Bedeutung Euer Kampf um die Erneuerung der Partei hat. Natürlich waren das schlimme Erkenntnisse, und manchmal war ich verzweifelt, wenn von meinen Idealen, zu denen ich mich vor 31 Jahren bekannt habe, nichts zu bleiben schien. Die katastrophale Wirtschaftspolitik – nur die konnte ich durch meine Arbeit beurteilen – habe ich mich oft mit Freunden fragen lassen, ob man etwas tun sollte oder könnte. Aber außer offener Meinung und kritischen Bemerkungen bei nach ZK-Tagungen eingesammelten schriftlichen Stellungnahmen habe ich nichts unternommen. Das hat mich sehr lange belastet. Daß meine Kreisleitung und auch meine Bezirksleitung für mich keine Vorbilder waren, habe ich leichtfertig mit der Bemerkung abgetan, daß die Kreisleitung und meine Idee vom Sozialismus im gleichen Verhältnis stehen wie Kirchenleitungen und die Religion. Auch die Kirche hat ja oft die Religion mißbraucht. Andererseits hat mir diese

Trennung zwischen der Idee und deren Führern geholfen, nie an der Idee zu zweifeln. Allerdings stand man mit wenigen Freunden allein und täglich kamen menschliche Enttäuschungen.

Ich gebe zu, ich hatte direkt Angst, auch von dem neuen Vorstand enttäuscht zu werden. Das wäre nicht zu verkraften gewesen. Ich kann nur ahnen, wieviel Kraft es Euch gekostet hat, in den ersten Monaten des Jahres die Partei zu erhalten, so grundsätzlich zu erneuern und jetzt den Anfeindungen ausgesetzt zu sein. Aber Ihr habt es geschafft, daß die Idee weiterleben wird und nicht erst nach Jahrzehnten wieder auferstehen muß. Ich mache mir keine Illusionen: Die PDS wird mit allen Mitteln bekämpft werden, denn sie ist die Alternative auch für die vielen, die mit der Wahl der D-Mark nicht auch das wählen wollten, was jetzt wohl nicht mehr aufzuhalten ist. Es ist schlimm, daß diese Regierung in die Einheit kriecht und 16 Millionen verrät. Das kann ich noch nicht begreifen.

Wir werden sehr weit unten wieder mit der Arbeit anfangen müssen. Daß wir das aber können jetzt mit Genossen, die zusammenstehen und für die neue Partei ehrlich und klug kämpfen und die wissen, es geht um das Volk (dann mal das vereinigte) und nur mit Demokratie, das lieber Genosse Modrow, verdanken wir vor allem auch Dir und dem Beispiel, das Du als Ministerpräsident gegeben hast.

Ich bin wieder stolz, Mitglied der PDS zu sein, und froh, so viele junge, sich aufopfernde Genossen im Vorstand und in Initiativgruppen zu wissen. Dir, dem Genossen Gysi, dem Ilja Seifert und allen Genossen im Vorstand wünsche ich Gesundheit und Kraft und danke Euch ganz herzlich für Eure Arbeit, die Ihr für die Menschen leistet und durch die ich die Möglichkeit habe, meine Identität und meine Ideale und Wertvorstellungen in die kommende – ich fürchte sehr fremde – Zeit mitzunehmen.

Sehr herzliche Grüße und für Deine Familie meine aufrichtige Hochachtung

Brigitte Weitsch

Teterow, 17.6.1990

Sehr geehrter Herr Dr. Modrow!

Entschuldigen Sie bitte, wenn ich Ihre kostbare Zeit in Anspruch nehme und Sie bitte, diese meine Zeilen zu lesen.

Nachdem ich heute über den Rundfunk vom vorschnell gestellten Antrag der DSU zur Vereinigung Deutschlands hörte, saß ich voller Aufregung vor dem Fernsehgerät und konnte es nicht begreifen. Ich schäme mich auch dessen nicht, daß ich weinte, nachdem Sie, sehr geehrter Herr Dr. Modrow, Ihre Stellungnahme vor der Volkskammer dazu abgaben. Es ist schon arg, wenn Sie und auch viele Ihrer PDS-Mitglieder soviel Unverständnis, Ungerechtigkeit und Arroganz von seiten der Koalition entgegennehmen müssen und daß Ihnen dann, wenn die Vertreter der Koalitionsregierung nicht mehr weiterwissen, die Mitarbeit in den vergangenen 40 Jahren der ehemaligen SED-Regierung vorgeworfen wird.

Daß diese Vertreter auch überwiegend in dieser ehemaligen Regierung mitgearbeitet haben und akademische Grade erwerben konnten, das schließen sie dabei aus und übersehen voll die inhaltliche Seite Ihrer Anliegen, die ich an Beispielen nicht anzuführen brauche, da Sie diese am besten kennen.

Wenn ich erst von meiner inneren Anteilnahme schrieb, so liegt dies einerseits in der Sympathie für Ihre Persönlichkeit und andererseits auch letztendlich im Beweis Ihrer Gradlinigkeit und Standhaftigkeit in ideologischer Hinsicht sowie in der Fähigkeit, wie Sie sich in Ihrer Regierungszeit für die Belange unserer Menschen eingesetzt haben.

Ich hatte erst kürzlich in einer Debatte einigen Verwandten gegenüber in Fragen der jetzigen Wirtschaftsmisere eindeutig zum Ausdruck gebracht, daß diese jetzige Lage niemals unter Ihrer Regierung und beispielsweise auch durch den klugen Einsatz von Frau Prof. Luft zustande gekommen wäre und habe mich deshalb heute umso mehr gefreut, daß Sie in Beantwortung vor dem Parlament zum Ausdruck brachten, daß eben diese Lage im Februar bei weitem nicht so war wie derzeit.

Nun, damals wurde eben durch Sie und Ihre Mitarbeiter etwas unternommen, was man jetzt in keiner Weise sagen kann, wenn man dabei nur an den unglaublichen Zustand in unserer Landwirtschaft denkt. Ich möchte mit meinem Schreiben zum Ausdruck bringen, daß es viele Menschen in unserer Noch-DDR gibt, die mit Ihnen einer Meinung sind, die bangen und hoffen und die ärgsten Sorgen haben, weil eben auch auf Grund der Mehrheit der Regierungskoalition bzw. Koalitionsparteien im Parlament und der spontanen Regierungsbeschlüsse kein Aufhalten dieses Weges möglich sein wird.

Die heutige Volkskammerdebatte habe ich bis zu Ende verfolgt, und es ist kaum zu glauben, wie unser Volk praktisch verraten und verkauft wird. So braucht man kein studierter Ökonom zu sein (ich bin Lehrerin), um die Auswirkungen zu ermessen, wenn uns nun in Bälde das freigegebene kapitalistische System überrollt. Trotz allem muß es doch jedem Bürger verständlich werden, so wie es heute vom Wirtschaftsexperten der PDS erläutert worden war.

Ich stehe kurz vor meinem Rentenbezug und las sehr enttäuschend über den Wegfall des pädagogischen Zusatzsystems, zumal ich alleinstehend bin. Mein Sohn hat gestern einen ablehnenden Bescheid in einer möglichen Bewerbung erhalten; ist also bald arbeitslos. Nun, dies war vorauszusehen, da er PDS-Mitglied geblieben ist. Meiner Tochter (ebenfalls PDS-Mitglied) wird es ähnlich ergehen. Sie ist Diplompädagogin und hat wohl umsonst fleißig und aufopferungsbereit mit 2 kleinen Kindern an ihrer Doktorarbeit gearbeitet. Diese Arbeit als Thema über die Entwicklung der Sozialdemokratie im Lande Thüringens ist seit längerer Zeit fertig, aber öfter umgearbeitet.

Es kann einem schon als Mutter und als engagierter Bürger und Mensch leid tun, wenn man bedenkt, mit wieviel Kraft die meisten Menschen in unserem Land gearbeitet haben, und das soll alles umsonst gewesen sein?

Nun, ich danke Ihnen, daß Sie mich angehört haben und meine Sympathie und die vieler anderer entgegengenommen haben, und versichere nochmals, daß viele Menschen über die derzeitige Lage in Sorge sind.

Wenn ich einen Wunsch auszusprechen hätte, so würde ich mir wünschen, daß wir uns eine Republik aufbauen könnten mit einer demokratischen Regierung unter Ihrer Führung und der Mitarbeit von Herrn Dr. Gysi sowie Frau Prof. Luft, um nur einige Persönlichkeiten zu nennen.

Hochachtungsvoll!
E. W.

Neubrandenburg, 17.6.90

Sehr geehrter Herr Modrow!

Heute ist es mir endlich einmal gelungen, die Volkskammer im Fernsehen ganz zu verfolgen.

Ich bin sehr empört über manche Fraktionen. Sie verhalten sich unmöglich. Wenn man das sieht, daß einige Abgeordnete kommen und gehen, nur weil es nicht nach ihrer Nase geht, so muß man sich fragen, ob das die Abgeordneten sind, die 16 Millionen Bürger gewählt haben.

Wenn ich sehe, wie Sie, Herr Modrow, ausgelacht sowie starke unverantwortliche Zwischenrufe geäußert werden, dann läuft es mir kalt über den Rücken. Ist das die neue Demokratie? Sie waren es doch erst, der das Schiff in der spannenden Zeit im Oktober ins Lot gebracht hat. Das sollten doch alle nicht vergessen.

Im stillen hatte ich heute gehofft, daß Sie, Herr Modrow, für die PDS-Fraktion sprechen werden. Was dann auch kam. Richtig war auch, daß sich alle Bürger dazu äußern sollten, zum sofortigen Schritt nach Artikel 23, daß es demzufolge einen Volksentscheid geben sollte. Ich verfolge alles, was in den Reihen der PDS passiert, da ich sehr viel Sympathie für die 66 Abgeordneten empfinde und sie ja auch meine Stimme erhalten haben.

Im Laufe der Zeit lernt man auch viele Abgeordnete kennen. Doch die höchste Sympathie haben Sie, Herr Modrow, sowie Frau Ostrowski, Herr Heuer und Täve Schur. In Ihren Äußerungen kommt eben immer wieder zum Ausdruck, daß immer noch der Mensch im Mittelpunkt steht und daß wir auch etwas in die Einheit mitbringen und nicht nur durch die D-Mark zu kaufen sind.

Mir fiel auf, Herr Modrow, daß Sie vor Ihrer Rede sehr erregt und beunruhigt waren sowie sich sehr viele Notizen gemacht haben. Ich kann mir vorstellen, daß so ein Tag für Sie und viele Abgeordnete ein sehr ernst zu nehmender und anstrengender Tag ist. Sicherlich hätten Sie den Tag auch lieber im Kreis Ihrer Familie verbracht. Schade, daß um 20.00 Uhr im Fernsehen abgeschaltet wurde. Aber es gibt ja noch das Radio.

Der Beitrag von Herrn Heuer hat mir auch sehr gut gefallen. Er hat zwar sehr schnell sprechen müssen, aber die wenige Zeit hat es notwendig gemacht. Trotzdem ist es ihm aber gelungen, die Sympathie auf seine Seite zu lenken.

Man muß staunen, wie 4 Stunden vor dem Fernseher und dann noch $1\frac{1}{2}$ Stunden am Radio vergangen sind. Ich habe mir die beiden Referate wieder auf Kassette aufgenommen.

Sie und Ihre 65 Abgeordneten verfügen über eine sehr hohe fachliche Kompetenz. Ich finde es trotzdem sehr empörend, daß alles, was die PDS eingibt an Vorschlägen, fast nur abgelehnt wird; denn so wie Sie, Herr Modrow, es zum Ausdruck brachten, vertreten alle Abgeordneten in diesem Hohen Haus eine nationale und internationale Verantwortung des Landes.

Ihren Mut beweist auch die Kritik an der jetzigen Regierung. Denn die Spannung ist im Land jetzt bedeutend größer als sie im Februar war.

Nun möchte ich schließen, es ist schon spät. Ich bin gespannt, was uns dann die 16. Tagung bringen wird.

Viele Grüße auch an Ihre Frau

E. Kischel

PS: Am frühen Morgen war ich in Berlin (17. 6.). Ich bin im Friedrichshain gewesen. Ich dachte, vielleicht sehe ich Sie bei Ihrem Lauf. Um 13.00 Uhr war ich aber schon wieder in Neubrandenburg. Entschuldigen Sie bitte die Schrift. Danke. Mich interessiert, ob Sie auch die Briefe lesen, die an Sie gerichtet sind.

E. Kischel 17. 6. 1990, 23.30 Uhr

Berlin, 18. 6. 90

Lieber Genosse Modrow!

Meine Hochachtung möchte ich Ihnen aussprechen für Ihre gestrigen mutigen Worte, die zur Besonnenheit, Sachlichkeit mahnten, die an die Verantwortung gegenüber anderen Staaten Europas und der Welt appellierten und die treffend formuliert nicht bei allen Bürgern der Noch-DDR verloren waren.

Es ist grausam, Eure Debatten in der Kammer miterleben zu müssen, es ist oft wie im Zirkus – verzeihen Sie mir diese Äußerung bitte! Ein »Gruselkabinett« – so möchte ich manche Kammertagung betiteln. Schlimm, wie wenig Toleranz im Lande vorhanden ist; erschreckend, wie hart oft der Ton in der Kammer gewählt wird – mit Takt und Würde ist da oft nicht mehr viel zu bewerkstelligen. Die »Ruhigen«, die Leisen, die Sachlichen sind in der Minderheit – und trotzdem möchte ich Ihnen weiter Mut machen; Ihnen, Gregor und all den anderen Fraktionsmitgliedern!

Ich bin ja außerparlamentarisch aktiv und freue mich immer auf Eure Live-Diskussionen am Köllnischen Park donnerstags nach der Kammertagung. Es tut unheimlich gut, unter Gleichgesinnten zu sein – ich weiß seit einigen Monaten aus eigener, bitterer Erfahrung, wie wenig gut »das Volk« über die PDS denkt ...

Umso wohltuender sind solche Auftritte wie der von Ihnen gerade am 17. Juni und zu diesem brisanten Thema. Das hätte uns gerade noch gefehlt, binnen einer Stunde von der BRD vereinnahmt zu sein! Gut, daß der Premier sofort zur Besonnenheit mahnte. Aber der »Ausfall« gegen seinen Finanzminister Romberg war dann kein gutes Werk. So eine Äußerung hätte es vom Premier Modrow nicht gegeben.

Ich freue mich, daß Sie aktiv werden in diesem »Kabinett«. Ich hoffe, Sie stehen es durch, als »alteingesessener« Abgeordneter größeren Anfeindungen ausgesetzt zu sein als manch anderer.

Manchmal glaube ich, daß man Sie nicht diesen bösen Debatten hätte aussetzen sollen ... Ich weiß aber auch, daß Sie nun voll und mit Elan die harte Arbeit im Parlament zum Ende bringen werden. Und ich weiß auch, daß Sie und andere Abgeordnete die Diäten als viel zu hoch empfinden ... Diese Diskussion hätte man sich ersparen können.

Könnt Ihr nicht mehr an Klausurtagungen, Beratungen usw. öffentlich machen – offen für Anhänger und Interessierte –, es gibt viele, die gern näher dran wären, enger mit Euch ins Gespräch kämen. Ihr könntet dadurch außerparlamentarisch noch mehr Zulauf gewinnen.

Nochmals Dank für das Gesagte (Marlies hat ja auch gleich mit Blumen reagiert – ganz toll!), beste Gesundheit und heiße »Kampfesgrüße«!
In Verbundenheit
Ihre

       Petra Liebold aus Strausberg

Berlin, 26. Juni 1990

Genossin
Petra Liebold

Liebe Genossin Liebold!

Ich möchte mich für Ihren mutmachenden Brief vom 18. Juni und nachträglich auch noch für die anderen Briefe an mich bedanken. Es ist schon wichtig zu wissen, daß die Stimmung in der Volkskammer kein Spiegel der Situation im Land ist und daß hinter uns Abgeordneten der PDS unsere Mitglieder und Sympathisanten stehen.

Was soll ich es verhehlen: Sich auf die Rekapitalisierung im Ergebnis der Niederlage des »realen Sozialismus« einzustellen und ihr konstruktiv zu begegnen ist für unsereins hart und bitter. Doch wir müssen damit fertig werden, denn solange es Mehrwert und Ausbeutung gibt und die Menschheitsprobleme zunehmen, wird eine konsequente Linke gebraucht. Dieser Aufgabe müssen wir uns stellen.

So bewahren wir uns auch unser Selbstwertgefühl.

Mit besten Grüßen
Hans Modrow

Karl-Marx-Stadt, 27. 6. 1990

Lieber Genosse Hans Modrow!

Ich heiße K. D., bin 19 Jahre und Lehrerstudentin.

Heute hatte ich einen guten Tag, denn es ist mir endlich gelungen, das Buch über Deine ersten hundert Tage Amtszeit als Regierungschef zu bekommen.

Mit großem Interesse habe ich es an einem Abend gelesen, um nicht zu sagen: verschlungen. Für mich war es die Möglichkeit, hinter die Fassade zu sehen, Hans Modrow als Menschen kennenzulernen. Für mich war es aber vor allem die Möglichkeit, in einer für unsere Partei schweren Zeit (schon wieder oder immer noch?) Mut und Hoffnung zu schöpfen.

Seit Oktober '89 wurde und wird viel über Dich gesprochen und diskutiert. Häufig wurde mir von Freunden gesagt, Hans Modrow ist ja ganz gut, aber er ist in der falschen Partei.

Ist er das wirklich? Wäre es nicht besser gewesen, er tritt aus?

Ist er nach seiner Amtszeit noch in der Lage, will er überhaupt noch für meine, unsere Partei in der Volkskammer sitzen? Diese Fragen haben mich wie viele andere vor dem 18. März bewegt. Als dann das alle erlösende »Ja« von Dir zum Parteitag kam, saß ich vor dem Fernseher und habe geweint. Es waren Tränen der Freude, der Erleichterung und der Achtung, deren ich mich nicht zu schämen brauche.

Damals hatte ich keine Vorstellung über Deine harte und aufreibende Arbeit als Ministerpräsident. Nach dem Lesen des Buches kann ich Deiner Entscheidung nur noch mehr Respekt entgegenbringen und mit Stolz jedem antworten: Hans Modrow ist in der richtigen Partei und wird dort gebraucht.

Und froh bin ich, daß auch ich Mitglied der PDS bin. Ich glaube, ich könnte mir im Spiegel nicht mehr ins Gesicht sehen, wenn ich wüßte, Menschen wie Dich, wie Christa Luft, Gregor Gysi und viele andere Genossen einfach im Stich gelassen zu haben.

Es war für mich, für uns alle eine schwierige Zeit. In mir brachen Welten zusammen. Menschen, Genossen, denen ich vertraut habe, die ich geachtet habe, haben mich zutiefst enttäuscht. Aber es waren in für mich wichtigen Momenten Genossen da, die mir aus meinem Tief geholfen haben, die mir wieder neue Hoffnung machten. Denen habe ich viel zu verdanken. Heute frage ich mich, welches Recht ich hatte, an das Aufgeben zu denken, während andere ehrliche Genossen sich der hohen Verantwortung gestellt haben.

Sollten denn alle meine Ideale, Vorstellungen, Wünsche unrecht, verkehrt, verfehlt gewesen sein? Nun, ich denke nein, und den Glauben daran habe ich in einem sehr widersprüchlichen Kampf mit mir selbst wiedergefunden.

Mittlerweile habe ich auch gemerkt, wie schwer es ist, seine eigene Meinung konsequent zu vertreten, andere Meinungen zu akzeptieren, auch wenn ich nicht von ihnen überzeugt bin, kurz gesagt, Toleranz zu üben und sich Mehrheiten zu beugen. Um so mehr schmerzt es mich, erleben zu müssen, wie intolerant, überheblich und machtbesessen sich z. B. ein großer Teil der Volkskammerabgeordneten aufführt. Haben diese Menschen denn schon vergessen, daß das Volk ihnen das Vertrauen gegeben hat, um dem Volk zu dienen, Entscheidungen nicht als Kraftproben zwischen Regierung und Opposition zu mißbrauchen, sondern dem Volk der Noch-DDR den Übergang zur Einheit zu erleichtern und sozial zu gestalten?

An dieser Stelle nun ein Lob an alle Abgeordneten der PDS-Fraktion für ihr Wirken. Natürlich ist es schwer, sich in die Rolle der Opposition hineinzufinden, vor allem unter solchen widrigen Bedingungen, die gegen jede Vernunft und oft gegen jedes Recht sind. Sicher, auch unsere Abgeordneten sind nur Menschen und deshalb nicht unfehlbar. Mit manchen Reaktionen und Entscheidungen bin ich nicht voll einverstanden. Aber ich muß gleichzeitig gestehen, daß Deine, Eure Nerven und Ruhe bewundernswert sind. Ich glaube, ich wäre für solch eine Arbeit zu temperamentvoll und zu aufbrausend. Ich müßte wahrscheinlich oft gezwungenermaßen den Saal verlassen, weil ich mich nicht beherrschen könnte. Also vielen, vielen Dank, gebt **nie** auf, wir stehen hinter Euch.

Ich glaube, jeder Genosse und auch viele andere Menschen sind bereit, unsere Partei zu verteidigen und zu unterstützen. In schwierigen Zeiten hast Du und Gregor und viele andere mir Mut gemacht, einfach durch Euer Auftreten, durch Eure Würde, Eure Worte.

Jetzt bin ich bereit, von meiner Hoffnung, von meiner Kraft Dir und den anderen abzugeben. Zusammen sind wir nicht so schwach, wie uns einige gern sehen möchten.

Eigentlich habe ich nun zum Buch sehr wenig geschrieben. Es war auch nur der Anlaß, mir etwas von der Seele zu schreiben und Dich spüren zu lassen, daß Deine Arbeit nicht umsonst war, daß Du nicht allein bist.

Ich wünsche Dir viel Kraft und Gesundheit und – bewahre Dir immer Deine Offenheit und Ehrlichkeit. Sie sind mit die besten Eigenschaften, die ein Mensch besitzen kann.

Mit herzlichen
und solidarischen Grüßen
Deine Genossin
K. D.

Neubrandenburg, 30. 6. 1990

Lieber Herr Modrow!

Der 28. Juni '90 war für mich wieder einmal ein ganz besonderer Tag.

Wie jeden Morgen, wenn ich außerhalb meines Wohnortes arbeite, kaufe ich nur die Tageszeitung, das ND. Dort las ich, daß Sie, Herr Modrow, am Abend noch nach der Volkskammersitzung im Haus am Köllnischen Park 6/7 sein werden zu einer Sitzung der PDS und alle Bürger einladen. Ich nahm sofort meinen Berlin-Atlas und schaute nach, wo der Köllnische Park sich befindet.

Wir arbeiten seit zwei Wochen wieder in Berlin-Springfuhl und erfüllen die letzten Aufgaben der Berlin-Initiative für das WBK im Heizungsbau und verlegen dort einen Heizkanal.

Als um 18.00 Uhr die Arbeit zu Ende war, bin ich nur noch duschen gewesen und dann ab in Richtung Jannowitzbrücke. Um 19.30 Uhr traf ich dort mit meinem Trabi auch ein. Viele Bürger sind diesem Aufruf gefolgt.

Ein Forum in solch einer Art habe ich noch nie miterlebt. Sicherlich haben Sie, Herr Modrow, sich auch mal wieder richtig wohl gefühlt zwischen uns. Man sah es Ihnen auch an, trotz des anstrengenden Tages. Daß noch 6 weitere Abgeordnete der Volkskammer da waren, fand ich sehr gut, und somit konnten auch viele Fragen beantwortet werden.

Ein Ausspruch hat mich an diesem Abend sehr glücklich gemacht, als es in einer Fragestellung um die Diäten der Abgeordneten ging. Sie, Herr Modrow, sagten, daß jeder Abgeordnete der PDS 1000 M für die Erhaltung der PDS oder für dritte Länder spendet. Ich muß sagen, daß dies eine große Sache ist und was auch – wie es in der Runde vorgeschlagen ist – einmal in das ND gehört, damit auch endlich alle Bürger, die noch eine schlechte Meinung von der PDS-Opposition haben, mal auch über soetwas nachdenken. Über den Redner Nr. 6 (von rechts) war ich empört, als er Ihre jetzige Aufgabe in der Volkskammer versuchte zu widerlegen. Sie haben im Namen der PDS ja sofort reagiert und die Aufgaben und Schwierigkeiten richtig erläutert und daß eben sehr viel parlamentarische Arbeit nötig war, um diesen jetzigen Stand und Vertrauen zu erreichen.

Als um 22.00 Uhr das Forum beendet war, hatte ich eine Weile mich mit Ihrem Kraftfahrer unterhalten. Ich fragte ihn auch unterdessen, ob Sie, Herr Modrow, jeden Tag so lange arbeiten. Er sagte mir, daß es oft so ist. Ich hatte es mir gedacht. Als 34jähriger, wie ich es bin, würde ich es noch verstehen, aber Sie, Herr Modrow, haben sich doch mehr Ruhe verdient. Sie haben doch schon in Ihrer Amtszeit als Ministerpräsident sich nicht die Ruhe gegönnt. Der Tag hatte für Sie nicht $8\frac{3}{4}$ Stunden, sondern mindestens 14–15 Stunden und mehr. Ich habe es ja auch in Ihrem Buch, was Sie mir geschickt haben, gelesen.

Der schönste Augenblick des späten Abends war, als ich Ihnen die Hand um 22.20 Uhr drücken durfte und Ihnen die sicherlich letzte Frage des Abends vor Ihrem Auto stellte. Ich stellte mich doch noch kurz vor, wer ich bin, und daß ich aus Ihrem Wahlkreis Neubrandenburg komme und zur Zeit hier in Berlin wieder arbeite, das ND las und nun hier war.

Ich fragte Sie, wann Sie das nächste Mal in Neubrandenburg sind. Ich war so froh darüber, daß ich es endlich geschafft habe, Sie einmal anzusprechen, denn es gibt doch noch so viele Fragen, was uns Bürger bewegt. Sie, Herr Modrow, haben immer ein offenes Ohr für jeden. Die Gelegenheit hatte ich ja schon am 1. Mai, als Sie in Neubrandenburg waren, aber ich teilte es Ihnen ja schriftlich mit, daß ich damals wie versteinert vor Ihnen stand und kein Wort herausbekommen habe. Ich bin überaus glücklich und werde diesen Tag nie vergessen, als Sie mir die Hand gaben und dann Aufwiedersehen sagten. Ich habe ja schon des öfteren an Sie geschrieben und bin auch in keiner Weise böse, daß Sie nicht schreiben.

Nachdem was ich nun gesehen habe und was Sie für einen langen Arbeitstag haben, ist es mir auch klar, daß Sie nicht gleich antworten können. Mich würde aber trotzdem interessieren, ob das Buch von Günter Gaus, was ich Ihnen geschickt habe, auch bei Ihnen angekommen ist. Briefe schicke ich an Sie lieber als Einschreiben, damit sie auch nicht verlorengehen oder sogar in falsche Hände gelangen.

Nun möchte ich schließen und wünsche Ihnen und Ihrer Familie alles Gute und vor allem Gesundheit.

Ihr
E. Kischel

PS: Bitte noch eine Frage. Sind Sie im Juli zur Vorbereitung der Länderwahl in Neubrandenburg? Am 9. 7. 90 um 18.30 Uhr im Plenarsaal am Fr.-Engels-Ring 53? Meine Eltern haben schon eine Einladung dafür. Ich bin ja noch in Berlin. Bitte entschuldigen Sie die Schrift. Was ich in Berlin auf dem Alex sah, ist nicht mehr das Berlin, was ich mit aufgebaut habe. Auf Antwort habe ich Zeit und Geduld.

Werter Hans Modrow! Moskau, 3. Juli 1990

Für mich, einen einfachen sowjetischen Menschen, der das Glück hat, die Geschichte der Deutschen Demokratischen Republik gut zu kennen und seit 45 Jahren freundschaftliche Beziehungen zu deutschen Bürgern zu unterhalten, war es sehr angenehm, in unserer Zeitung »Prawda« vom 30. Juni 1990 Ihren Artikel »Wohin geht die DDR, wohin geht Deutschland« zu lesen.

Ich bekenne offen, daß der Inhalt des Artikels den Leser davon überzeugt, daß der Verfasser über Gefühl und Fähigkeiten für eine tiefgründige Analyse, über Kühnheit und das für solche Fälle notwendige Staatsverständnis verfügt.

Zugleich sind einige Akzente hinsichtlich der Aufgaben und des Schicksals des deutschen Volkes sowie der unmittelbaren Nachbarn und anderer interessierter Staaten nicht ganz präzise verteilt und auch nicht vollständig.

Es hat mir in den vielen Jahren stets große Freude bereitet, mich mit dem Schicksal der DDR und Deutschlands zu beschäftigen. Ich möchte sogar sagen, daß mich diese Fragen heute tief bewegen. Ich kann allerdings kaum mit jemandem darüber sprechen.

Jetzt verstehe ich besser, daß im deutschen Volk in Ihrer Person Politiker leben, die heute so sehr gebraucht werden. Zu gegebener Zeit werde ich meine Gedanken meinen deutschen Freunden, u. a. den Werktätigen des Deutschen Hydrierwerkes »Rodleben« bei Dessau mitteilen.

Ich glaube, daß sie jetzt freundschaftliche Unterstützung sehr brauchen.

Ich wünsche Ihnen gute Gesundheit, Wohlergehen und Erfolg in Ihrer edlen und verantwortungsvollen Tätigkeit zum Wohle des deutschen Volkes. Wenn Sie einmal in Moskau sein sollten, wäre ich glücklich, Sie persönlich in meiner Familie zu sehen und mit Ihnen zu sprechen.

Mit freundschaftlichem Gruß
A. A. Krassowitzki

Berlin, den 18. Juli 1990

Verehrter Genosse Krassowitzki!
Herzlichen Dank für Ihren Brief vom 3. Juli. Es freut mich, daß mein Artikel in der »Prawda« Ihr Verständnis für die sich in der DDR und in ganz Deutschland vollziehenden Prozesse vertieft hat. Natürlich war es nicht möglich, alle Aspekte aufzuzeigen.
Ich möchte Ihnen versichern, daß wir Mitglieder der Partei des Demokratischen Sozialismus dafür wirken werden, daß die Befreiung des deutschen Volkes vom Hitlerfaschismus und die jahrzehntelange Freundschaft unserer Völker nie in Vergessenheit geraten.
Alles Gute für Sie!

Mit freundlichen Grüßen
Hans Modrow

Köln, 5. 8. 90

Sehr geehrter Herr Dr. Modrow,
die Entwicklung der deutsch-deutschen Vereinigung läuft ja leider nicht so, wie Sie sie während Ihrer fünfmonatigen Ministerpräsidentschaft versucht haben anzulegen. Sie haben das nicht nur mit Fachkenntnis und politischem Weitblick, sondern auch mit Würde und Anstand getan – wovon leider nicht viel geblieben ist.
Am meisten bedrückt mich, daß meine Partei, die SPD, von Anfang an auf Kollisionskurs mit der PDS gegangen ist. Nicht daß es nötig wäre, hier auf Freundschaft zu machen. Sonntag vor einer Woche war hier, wie Sie wissen, eine Konferenz für eine linke Liste, und da hat Gregor Gysi gesagt, daß bei der SPD noch zu viele Verletzungen aus der Behandlung durch die SED

nach 1946 vorhanden seien, aber für ihn sei die SPD weder ein Feind noch Gegner, sondern ein Konkurrent. Das finde ich angemessen. Man muß nicht unter den Teppich kehren, was in SED-Zeiten passiert ist. Das wollen Sie auch nicht, wenn ich Ihre Ausführungen in der »Zeit« richtig verstanden habe. Aber sollte man aus der Vergangenheit der Arbeiterbewegung – der sozialdemokratischen und der kommunistischen – nicht gelernt haben, daß ihre Spaltung den Faschismus ermöglicht hat? Und was wird es für die politische Kultur in einem vereinigten Deutschland bedeuten, daß die PDS aus dem künftigen Parlament herausgetrixt wurde? Ich bin gar nicht sicher, daß es der SPD zugute kommen wird.

Vielleicht ist das noch nicht einmal Ihre größte Sorge. Vielleicht bedrückt Sie viel mehr, daß die DDR jetzt bis aufs Hemd ausgezogen wird mit all den Folgen für die arbeitenden Menschen, die Sie abzuwenden getrachtet haben – in der irrigen Annahme, daß das die andere Seite auch will.

Zum Glück kennen wir die Zukunft nicht. Es kann sich irgendeine Unwägbarkeit bemerkbar machen, und Sie und Ihre Freunde ergreifen die Chance. Sie haben in der kurzen Zeit Ihrer Ministerpräsidentschaft eine ganze Menge erkannt und in die Wege geleitet. Alle meine Bekannten und Freunde sind voller Hochachtung für Ihre Haltung. Möge Sie das ein wenig trösten!

Mit freundlichen Grüßen
Anne-Marie Fabian

Bonn, 5.8.1990

Sehr geehrter Herr Modrow,
ich gehöre zu den Bürgern der Bundesrepublik, die Ihnen während Ihrer Amtszeit als Ministerpräsident der DDR brieflich ihre Hochachtung ausgesprochen haben.
Nachdem ich einem Bericht der »Süddeutschen Zeitung« entnehmen muß, daß an die Stelle der positiven Zuschriften inzwischen mehr und mehr aggressive getreten sind, möchte ich meine Worte vom Februar öffentlich wiederholen. Ich bin nicht aufgefordert, Ihr Verhalten in der Vergangenheit zu beurteilen, aber ich bin aufgefordert, wahrzunehmen, was hier und jetzt vor meinen Augen geschieht.
Sie und Ihre Regierung haben vor der Weltöffentlichkeit menschliche und politische Werte vertreten und zu verwirklichen versucht, die ich in den Äußerungen der Politiker beider deutscher Regierungen heute vermisse. Für das, was Sie und Ihre Mitarbeiter während der Regierungszeit des »Runden Tisches« geleistet haben, gebührt Ihnen weiterhin Hochachtung und Dankbarkeit. Ich persönlich bedaure die Entwicklung des sogenannten deutschen Einigungsprozesses seit dem 18. März sehr. Für mich als jungen Menschen, als Bundesbürgerin und (sogar) als Theologin hat Ihr Beispiel, das Sie als Ministerpräsident gegeben haben, erheblich mehr Gewicht als alles, was seither von den verantwortlichen Politikern gesagt und getan worden ist. Ich glaube Ihnen Ihr persönliches Engagement und Ihre Aufrichtigkeit und dies in einer Zeit und in einem System, in dem die meisten Politiker wenig Anlaß geben, ihnen zu glauben.
Ihnen kann nicht zugemutet werden, noch einmal den Bannerträger der Hoffnung zu spielen. Ich möchte aber, daß Sie wissen: es gibt diese Hoffnung noch; die Hoffnung darauf, daß eine offene und ehrliche Verständigung zwischen Menschen, die verschiedener Meinung sind, möglich ist, wenn wir ein gemeinsames Ziel haben: daß das Leben für alle Menschen besser

und gerechter werde. Und die Hoffnung, daß es möglich ist, dieses Mehr an Gerechtigkeit zu erreichen.

Die Regierung des Runden Tisches war in vielem dem Ideal der Demokratie näher als es die gegenwärtigen Regierungen sind. Sie persönlich haben dem Bemühen um mehr Ehrlichkeit und Gerechtigkeit Ihr Gesicht und Ihren Namen gegeben. Das sollte Ihnen nicht vergessen werden.

                                      Mit bleibender Hochachtung
                                      Angela Feder

Inhalt

Vorwort	3
I. Bleiben wir doch ehrlich miteinander	5
II. Von der Vertragsgemeinschaft zu »Für Deutschland, einig Vaterland«	33
III. Schloß Wackerbarth und Feuerleiter – die Begegnungen Modrow – Kohl in Dresden und Bonn	86
IV. Wenn sich Optimisten auf den Weg machen, vielleicht haben sie eine Chance	125
V. Mit Menschen so zusammenleben, daß man sich gegenseitig achtet	173
VI. »Sie müssen weitermachen, weil Sie gebraucht werden«	186